# DER UMFASSENDE RATGEBER FÜR DEN DACKEL

Vanessa Richie

LP Media Inc. Verlag

Text copyright © 2025 von LP Media Inc.

www.lpmedia.org

---

Veröffentlichungsdaten

Vanessa Richie

Der Umfassende Ratgeber Für Den Dackel---- Erste Ausgabe.

Zusammenfassung: „Einen Dackel erfolgreich vom Welpenalter bis ins hohe Alter großziehen" — Bereitgestellt vom Verlag.

ISBN: 978-1-961846-24-1

[1. Dackel --- Sachbuch] I. Titel.

---

Entworfen von Sorin Rădulescu

Erste deutsche Ausgabe, 2025

# INHALTSVERZEICHNIS

# EINLEITUNG

Besuche einen beliebten Hundepark und du wirst fast garantiert mindestens einen oder sogar mehrere Dackel sehen, denn Dackelbesitzer haben selten nur einen Dackel. Die Hunde sind niedlich und sehen etwas komisch aus, da sie körperlich gesehen länger als höher sind. Dieses niedliche Aussehen hat tatsächlich einen Zweck: Die Rasse wurde ursprünglich gezüchtet, um Wild durch Gestrüpp und Wälder zu jagen. Dackel bewegen sich in einem recht großen Größenspektrum und wiegen als Erwachsene zwischen 7 und 15 Kilogramm. Je nach Elterntieren kann dein Dackel also klein bis mittelgroß werden. Glücklicherweise verteilt sich ein Großteil dieses Gewichts auf die Länge des Hundes und nicht auf seine Höhe. Das bedeutet auch, dass du nicht mehrere verschiedene Transportboxen, Betten und Halsbänder zwischen der Welpenzeit und dem Erwachsenenalter kaufen musst.

Diese Rasse hatte nicht immer so einen kompakten Körperbau. Der Dackel stammte ursprünglich aus Deutschland und er war vor allem ein Jagdhund, der es mit Wildtieren wie Dachsen und Wildschweinen aufnahm. Das erklärt nicht nur den Mut dieser Hunde, sondern auch ihre Neigung zum Bellen. Im Laufe der Rassestandardisierung wurden sie immer kleiner gezüchtet, und heutzutage könnten sie mit ihrer aktuellen Größe wohl kaum noch ein Wildschwein bezwingen – nicht, dass man ihnen das beibringen könnte.

Trotz ihrer langen Zuchtgeschichte sind Dackel eine verhältnismäßig gesunde Rasse. Das größte gesundheitliche Risiko ist ihr sehr markanter langer Rücken, der leicht verletzt werden kann – wenn du Kinder hast, solltest du ihnen niemals erlauben, deinen Dackel hochzuheben. Die Hunde neigen auch zu Zahnproblemen, daher solltest du nicht nur auf gute Zahnpflege achten, sondern auch Aktivitäten wie Zerrspiele, die ihre Zähne belasten könnten, vermeiden. Es gibt jedoch viele andere Spiele, die du mit deinem Dackel spielen kannst. Vom Verstecken von Leckerlis bis hin zu Tricks (wenn dein Dackel die passende Persönlichkeit dafür hat) – Dackel spielen leidenschaftlich gerne mit ihren Menschen.

Obwohl die Rasse ursprünglich als Jagdhund gezüchtet wurde, sind Dackel wegen ihrer Freundlichkeit sehr beliebt. Ihre Geselligkeit kann allerdings auch dazu führen, dass sie zu jenen kleinen Hunden gehören, die kleinen Hunden einen schlechten Ruf einbringen. Sie neigen dazu, bellfreudig zu

sein, daher ist es wichtig, dass du deinen Dackel gut sozialisierst und trainierst. Sie sind intelligent, was das Training unterschiedlich gestalten kann:
Einige lieben es, ihren Menschen zu gefallen, während andere weniger begeistert sind, Anweisungen zu folgen.

Diese Rasse kann ohne richtige Erziehung und Sozialisation auch recht
dominant werden. Sie sind zwar nicht so gefährlich wie andere bissige Rassen, aber ihr Schnappen kann sie sowohl für Kinder als auch für Besucher
unangenehm machen. Es ist wichtig, Kindern und Besuchern beizubringen,
wie sie richtig mit deinem Dackel umgehen sollen, um sicherzustellen, dass
er nicht verletzt wird und keine Angst vor Besuchern entwickelt. Solange
alle respektvoll und behutsam mit deinem Dackel umgehen, wird er mit ho-
her Wahrscheinlichkeit der liebenswerte kleine Vierbeiner sein, den du dir
erhofft hast.

## KAPITEL 1
# Ein mutiger, loyaler Hund

*„Wenn man einmal einen Dackel besitzt, hat man wahrscheinlich immer einen Dackel in seinem Leben. Sie brauchen länger, um trainiert zu werden, sind ziemlich stur, aber sie sind sehr loyal und haben eine Liebenswürdigkeit, die nur ein Dackelbesitzer verstehen kann."*

**Kim Gillet**
*Cameo Dachshunds*

Dackel gehören zweifellos zu den bekanntesten Hunden der Welt. Ihre kurzen Beinchen stehen in einem auffälligen Kontrast zu ihrem langen Körper. Obwohl es andere länglich gebaute Hunde wie Corgis gibt, wirkt die Gestalt des Dackels besonders markant - besonders bei kurzhaarigen Exemplaren, bei denen die schlanke Körperform deutlich sichtbar ist. Dies hat zu zahlreichen Namen geführt, die das charakteristische Aussehen der

Foto: Mit Erlaubnis von
Lee Roberts
Roberts Twins Photography

Foto: Mit Erlaubnis von
Tabitha Holloman

Rasse beschreiben. Da Dackel eine freundliche und verspielte Persönlichkeit haben, passen diese oft humorvollen Bezeichnungen perfekt zu ihrem Wesen.

Es gibt vieles, was du an diesem niedlichen kleinen Hund lieben wirst.

## Ursprünge des Namens – Ein leidenschaftlicher Jäger

Der Dackel ist eine traditionsreiche deutsche Hunderasse mit einer faszinierenden Geschichte. Wie der Name „Dachshund" (international gebräuchlich) schon verrät, wurden diese Hunde ursprünglich zur Dachsjagd gezüchtet. In Deutschland werden sie im Alltag meist „Dackel" genannt, während Jäger und Züchter häufig den Begriff „Teckel" verwenden - beide Bezeichnungen meinen dieselbe Rasse.

Bereits im 16. und 17. Jahrhundert wurden diese Hunde speziell für die Jagd entwickelt. Sie waren der ideale Jagdbegleiter für Jäger, die Dachse, Wildschweine, Füchse und andere Wildtiere jagten. Teckel waren autonome Hunde mit kompaktem Körperbau, großem Brustkorb, kräftiger

Lunge und bemerkenswerte Beharrlichkeit. Ihr niedriger, langer Körper eignete sich perfekt für die Baujagd - das Eindringen in unterirdische Baue und Verfolgen von Tieren in dichtem Unterholz.

**Interessant**
**Deutsche Wurzeln**

Dachshunde stammen aus Deutschland und wurden vor fast 300 Jahren als Jagdhunde gezüchtet. „Dachshunde" wurden für das Graben, Tunnelbau und den Kampf gegen Dachse gezüchtet. Dackel gibt es in drei Fellvarianten: glatthaarig, langhaarig und rauhaarig. Sie sind in Standard- und Zwerggrößen erhältlich.

Diese Hunde beherrschten sowohl die Baujagd (Jagd unter der Erde) als auch die Schweißarbeit (Nachsuche verletzten Wildes). Nach dem FCI-Standard Nr. 148, der vom Deutschen Teckelklub 1888 e.V. festgelegt wird, ist ihre primäre Verwendung noch heute die Jagd - sowohl über als auch unter der Erde.

Die beeindruckenden Jagdfähigkeiten, für die der Dackel ursprünglich gezüchtet wurde, sind bei den heutigen Familienhunden oft kaum noch zu erahnen. Die heutigen Dackel sind gesellig, anhänglich und entspannt. Wenn du deinen Dackel in der Wohnung spielen siehst, ist es schwer vorstellbar, dass seine Vorfahren einst wild andere Tiere jagten. Diese interessante Dualität in ihrem Wesen macht sie umso liebenswerter. In einigen Teilen Deutschlands und Europas wird die Rasse allerdings noch immer aktiv zur Jagd eingesetzt.

## Die drei verschiedenen Fellarten und Größenvarianten

*„Jeder Felltyp ist mit bestimmten Persönlichkeitseigenschaften verbunden. Dackel haben die meisten Fell-, Farb- und Musterkombinationen aller Hunderassen!"*

**Elizabeth Bender**
*BenderDachs*

Dackel haben drei sehr unterschiedliche Fellarten und - anders als in manchen anderen Ländern oft angenommen - gibt es in Deutschland drei offizielle Größenvarianten dieser Rasse. Die Größenunterschiede werden nach dem FCI-Standard durch den Brustumfang definiert, nicht nur durch das Gewicht.

## Die drei Größenvarianten:

- **Teckel (Standard):** Brustumfang: Rüden 37-47 cm, Hündinnen 35-45 cm
- **Zwergteckel (Miniatur):** Brustumfang: Rüden 32-37 cm, Hündinnen 30-35 cm
- **Kaninchenteckel:** Brustumfang: Rüden 27-32 cm, Hündinnen 25-30 cm

Diese präzise Einteilung entspricht dem deutschen und FCI-Standard und spiegelt die ursprüngliche Züchtungsabsicht wider: Verschiedene Größen für verschiedene Beutetiere. Der Standard-Teckel jagte größere Tiere wie Dachse, Zwergteckel verfolgten Füchse, und Kaninchenteckel waren speziell für die Kaninchenjagd gedacht.

## Die drei Fellarten:

## Kurzhaar-Teckel

Dies ist der häufigste Felltyp. Mit seinem glatten und glänzendem Fall wird er üblicherweise als Glatthaardackel bezeichnet. Der Hund ist typischerweise schwarz und braun, und seine Farben ähneln an einen Rottweiler.

*Kurzhaar-Teckel*

## Langhaar-Teckel

*Langhaar-Teckel*

Langhaardackel, die weniger verbreitet sind, sollen durch die Kreuzung von kurzhaarigen Dackeln mit längerhaarigen Stoberhunden entstanden sein. Ihr Fell ist weich und erfordert häufige Pflege, da die Rasse nah am Boden ist und somit in Kontakt mit Schmutz und Unrat kommt.

## Rauhaar-Teckel

Anfang des 19. Jahrhunderts sollen Rauhaardackel bereits existiert haben, doch gezielt gezüchtet wurden sie erst gegen Ende dieses Jahrhunderts. Züchter legten den Rassestandard fest, indem sie den kurzhaarigen Dackel mit dem Deutschen Rauhaar-Pinscher und dem Dandie Dinmont Terrier kreuzten.

Die verschiedenen Fellarten sind ideal für unterschiedliche Jagdbedingungen. Kapitel 2 beschreibt die Unterschiede zwischen diesen Varianten, und Kapitel 14 erklärt, wie viel Pflege jeder von ihnen benötigt. Um dir jedoch bei der Entscheidungsfindung zu helfen: Langhaar-Teckel erfordern mehr Pflege als die anderen beiden Varianten. Wenn du deinen Welpen

*Rauhaar-Teckel*

nicht täglich bürsten möchtest, solltest du dich für einen Kurzhaar- oder Rauhhaar-Teckel entscheiden.

## Ein deutsches Kultursymbol und Züchtungstradition

Die Rasse, die wir heute kennen, stammt definitiv aus Deutschland, auch wenn frühe Vorfahren möglicherweise andere Ursprünge hatten. Die frühesten dokumentierten Teckel wurden im 16. Jahrhundert gezüchtet. Sie waren eine Mischung aus Bracke und Pinscher. Bereits im 18. Jahrhundert sah die Rasse schon so aus und verhielt sich ähnlich wie heute. Ihre hartnäckige, furchtlose Schlauheit war eine geschätzte Eigenschaft. Sie konnten in Tunnel kriechen, in die größere Rassen wie Rottweiler, Deutsche Schäferhunde oder Weimaraner nicht gelangen konnten.

Obwohl sie klein waren, waren sie schnell und mutig. Jäger konnten mit einem kleinen Rudel Teckel sogar auf Wildschweinjagd gehen. Wenn sie Beute sahen, nahmen die Teckel die Verfolgung auf und ließen die Jäger hinter sich, während sie das Wild zurück zu seinen Löchern trieben. Das Bellen war für die Rasse sehr wichtig, weil sie in Löcher hinter kleineren Tieren her gingen und oft im Boden verschwanden. Sobald sie ihre Beute erfolgreich gestellt hatten, tauchte der Teckel wieder auf und begann zu bellen, um dem Jäger zu zeigen, wo er sich befand.

Der Deutscher Teckelklub 1888 e.V. spielt eine zentrale Rolle bei der Standardsetzung und Zuchtüberwachung dieser Rasse. Als einer der ältesten Rassezuchtvereine Deutschlands hat er maßgeblich zur Entwicklung und Erhaltung der Rasse beigetragen. In Deutschland wird großer Wert auf gesunde, funktionale und standardkonforme Hunde gelegt, wobei sich die Interpretation des Rasseideals im Laufe der Zeit durchaus entwickeln kann.

Seit über einem Jahrhundert sind Teckel ein deutscher Schatz. Im 19. Jahrhundert wurden die einstigen Jagdhunde zunehmend beliebter als Hausgenossen. Hunde mit freundlichem

Foto: Mit Erlaubnis von Esther Gorbey

Wesen wurden gezüchtet, um charmantere Begleiter zu haben. Dennoch bewahren sie noch immer viel von ihrer Intelligenz, Beharrlichkeit und ihrem charakteristischen Bellen.

Während der Vorbereitungen für die Olympischen Spiele 1972 in München wählten die Deutschen einen Teckel namens Waldi als Maskottchen für die Spiele. Zu Ehren dieses kleinen Maskottchens entschieden die Olympia-Verantwortlichen, die Marathonstrecke für die Athleten in Form eines Teckels zu gestalten.

## Eine weltweit beliebte Hunderasse

Im 19. Jahrhundert erfreute sich die Rasse in Deutschland großer Beliebtheit, und der Adel begann, Teckel zu halten. Auch das Königshaus anderer Länder wurde auf die niedlichen kleinen Hunde aufmerksam. Teckel gehörten zu den Lieblingen von Königin Victoria. Die steigende

*Foto: Mit Erlaubnis von Mavourneen Smith*

Foto: Mit Erlaubnis von Deborah Clark

Beliebtheit am Königshof erleichterte es Menschen aus aller Welt, von den einzigartigen deutschen Hunden zu erfahren.

Bis zum Ende des 19. Jahrhunderts hatte die Rasse ihren Weg in die USA gefunden, wo sie 1885 offiziell anerkannt wurde. Daraufhin wurden sowohl in Deutschland als auch in den USA mehrere Organisationen gegründet, die sich dieser Rasse widmeten, wie der Deutsche Teckelklub in Deutschland und der Dachshund Club of America in den Vereinigten Staaten.

Die Beliebtheit der Rasse stieg weiter an, bis der Erste Weltkrieg begann. Ihre Verbindung zu Deutschland führte dazu, dass die Menschen keine Hunderassen mehr wollten, die mit den Kriegsgegnern assoziiert wurden. Der American Kennel Club versuchte sogar, amerikanische Dackel als "Liberty Pups" umzubenennen, um patriotische Gefühle anzusprechen - ein Versuch, der nach Kriegsende eingestellt wurde.

Ein ähnlicher Wandel trat während des Zweiten Weltkriegs auf, jedoch war der Rückgang nicht so stark. Im Gegensatz zu anderen deutschen Rassen wurde der Teckel nach dem Zweiten Weltkrieg nicht dauerhaft verteufelt, und die Rasse begann, sich wieder in die Gruppe der populärsten Hunderassen weltweit einzureihen. Seit den 1950er Jahren gehören sie zu den häufigsten Haushunden.

Teckel sind weltweit enorm populär geworden. Eine der wohl niedlichsten Traditionen entwickelte sich in Australien seit den 1970er Jahren mit Teckelrennen. Sie mögen für ihre geringe Größe schnell sein, aber Rennhunde sind sie definitiv nicht. Mit ihren kurzen Beinen und den im Wind flatternden Ohren sind sie einfach entzückend beim Rennen anzusehen. Ähnliche Rennen finden heute überall auf der Welt statt.

# Gesundheitsaspekte

Ein wichtiger Aspekt, den potenzielle Teckelbesitzer beachten sollten, ist die Neigung der Rasse zur Dackellähme (Intervertebrale Diskuserkrankung). Aufgrund ihres langen Rückens und der kurzen Beine sind Teckel anfällig für Rückenprobleme. Seriöse Züchter achten daher besonders auf eine gesunde Zuchtlinie und die richtige Körperproportionen.

# So viele Namen

Der gesellige kleine Teckel hat eine Vielzahl von Spitznamen bekommen, wahrscheinlich weil seine markante Gestalt zu kreativen Benennungen einlädt und weil er so charmant ist, dass er überall Aufmerksamkeit erregt.

Hier sind nur einige der Spitznamen, die diesem Hund gegeben wurden:

- Dackel (umgangssprachlich)
- Teckel (Jäger-/Züchtersprache)
- Dachshund (international)
- Wursthund (scherzhaft)
- Wackeldackel (bezieht sich auf das berühmte Auto-Accessoire, nicht auf den Hund selbst)

Und das ist noch nicht einmal eine vollständige Liste. Der Wackeldackel als Kultfigur auf dem Armaturenbrett ist übrigens ein typisch deutsches Phänomen und hat den Teckel zu einem kulturellen Symbol gemacht, das weit über die Hundewelt hinausreicht.

Wenn du dir einen Teckel zulegst, wirst du mit Sicherheit auf viele andere Namen stoßen. Das ist ein ganz besonderes Merkmal dieser Rasse - sie ziehen Spitznamen an wie keine andere Rasse, also sei darauf vorbereitet, viele verschiedene Bezeichnungen zu lernen, um Verwirrung zu vermeiden.

## KAPITEL 2
# Lass dich vom süßen Blick nicht täuschen

Der Dackel sieht aus wie ein Hund, der Schutz braucht. Seine großen Augen, sein niedriger Körper und die hängenden Ohren lassen ihn hilflos wirken. Jetzt, da du seine Geschichte kennst, weißt du jedoch, dass dies keine Rasse ist, die Schutz benötigt – es sei denn, der Schutz besteht darin, den Hund davon abzuhalten, sich mit viel größeren Hunden anzulegen.

Der Dackel mag zwar klein sein, aber er hat eine große Persönlichkeit, die ihn so beliebt macht. Dennoch gibt es einige Schwächen, die du nicht außer Acht lassen solltest. Nimm dir die Zeit, diese genauer zu betrachten, da einige davon möglicherweise entscheidend sind – insbeson-

*Foto: Mit Erlaubnis von Anh Tran*

*Foto: Mit Erlaubnis von Brittany Prince*

dere die Schwierigkeiten, die die Hunde oft beim Stubenreinwerden haben, und die Tatsache, dass einige von ihnen sehr lautstark sind.

# Die charakteristischen Körpermerkmale des Dackels

Das eindeutig auffälligste Merkmal des Dackels sind sein langer, schlanker Körper mit seinen kurzen, stämmigen Beinen. Sein Körper sieht aus wie ein Würstchen mit Fell und Beinen. Außerdem gibt es sie in einer großen Vielfalt an Fellfarben:

- Schwarz
- Gestromt
- Braun
- Creme

- Falb
- Isabell
- Schecke
- Rot

- Zobel

Foto: Mit Erlaubnis von
Aaron and Minette McGeehon

Viele dieser Farben können in Kombinationen auftreten, wie zum Beispiel Schwarz und Creme oder Falb und Creme. Bei so vielen verschiedenen Farben und drei Standardfelllängen zeigt sich die überraschende Vielfalt im Aussehen von Dackeln. Alle Felle sind glatt und haben eine mittlere Dichte. Die drei Felltypen verleihen den Dackeln ein sehr markantes Aussehen.

- Die häufigste Dackelart ist der Kurzhaardackel. Bei guter Pflege (siehe Kapitel 14) ist das kurzhaarige Fell glänzend und weich. Kurzhaardackel sind sehr pflegeleicht, obwohl sie Haare verlieren. Das Haar an ihren Ohren ist sehr glatt, dass die Ohren ledrig aussehen, und die längsten Haare befinden sich tendenziell an ihren Bäuchen um die kahlen Stellen.

- Langhaardackel haben zwar glattes Fell, aber an den Ohren wirkt es wellig. Bei richtiger Pflege (siehe Kapitel 14) ist ihr Fell seidig und fühlt sich glatt an. Besonders an den Ohren, am Schwanz und am Bauch wächst mehr Fell. Sie benötigen die meiste Pflege, sind aber auch am angenehmsten zu streicheln aufgrund ihres weichen Fells.

- Rauhaardackel haben ein Fell, das von der Länge her unterschiedlich sein kann. Das etwas längere Haar verleiht ihnen einen leicht mürrischen Ausdruck, besonders um den Mund und die Ohren, was sie liebenswert erscheinen lässt.

Alle Dackel haben ein sehr markantes Gesicht und sie haben lange Schlappohren, eine lange Schnauze und treue Hundeaugen. Ihre Ohren

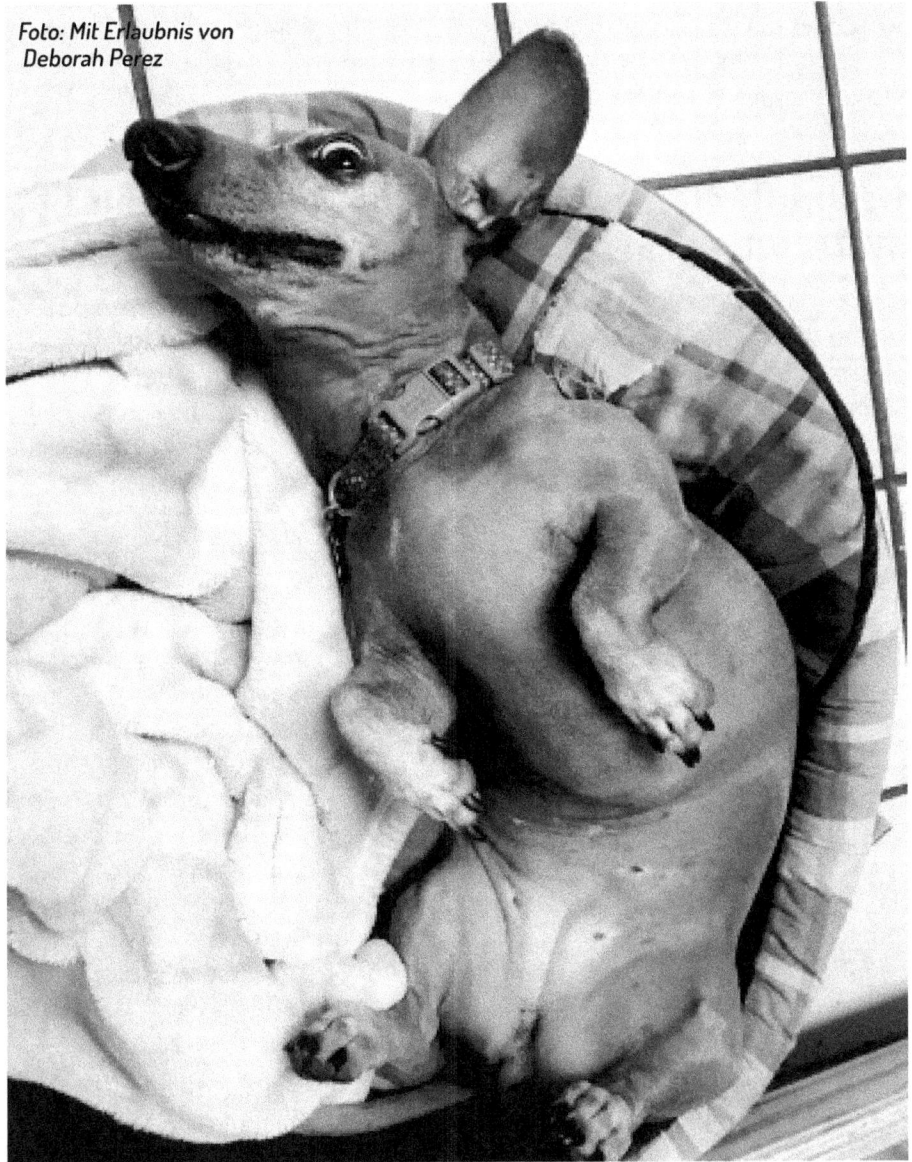

Foto: Mit Erlaubnis von
Deborah Perez

wirken oft unverhältnismäßig lang, sodass du dir eigentlich Sorgen machen müsstest, dass dein Dackel versehentlich auf sie treten könnte – aber keine Sorge, so lang sind sie wiederum doch nicht. Die Augen erscheinen teilweise so groß, weil ihre Augenbrauen so ausgeprägt sind, was ihnen ausdrucksvollere Blicke verleiht. Die Augenbrauen geben Dackeln Ausdrucksweisen, mit denen man sich leichter identifizieren kann als bei vielen anderen Rassen.

Obwohl ihre Gesichter lang sind, sind diese Kiefer unglaublich stark. Und hinter diesen kräftigen Kiefern steckt ein Bellen, das tiefer ist, als es die Größe des Hundes vermuten lässt.

# Gesundheitsprobleme, die bei Dackeln häufig auftreten

Der Dackel ist ein überraschend gesunder Hund. Die meisten potenziellen Gesundheitsprobleme betreffen ihren Rücken, aber es gibt auch ein paar andere mögliche gesundheitliche Probleme, die du bedenken solltest, wenn du überlegst, ob diese Rasse die richtige für dich ist.

### Eine recht gesunde Rasse mit einigen bemerkenswerten Besonderheiten

Die selektive Zucht der Hunde über die Jahre hat sie relativ gesund gehalten, obwohl sie einige genetische und häufige Probleme haben. Während dieses Kapitel einige der Probleme anspricht, liefert Kapitel 16 ausführliche Informationen zu diesen Problemen und welche Maßnahmen erforderlich sind, falls deinem Hund etwas Ernsthaftes passieren sollte. Dieser Abschnitt soll dir bei der Entscheidung helfen, ob du einen Dackel adoptieren möchtest. Angesichts ihrer allgemeinen Gesundheit wird die zukünftige Gesundheit wahrscheinlich kein wichtiger Faktor bei deiner Entscheidung sein.

Die großen Augen eines Dackels neigen zu einigen Pro-

**Interessant**
**Kenne die Fakten**

Dackel sind nicht von Natur aus gut mit Fremden. Sie können sehr laut sein und bellen bei allem, was sie sehen. Da Dackel aufgrund ihrer Größe und Statur leicht verletzt werden können, sei vorsichtig, wenn dein Hund in der Nähe von kleinen Kindern ist. Dackel können leicht getreten, verletzt oder falsch hochgehoben werden.

blemen, allerdings sind die Probleme nicht so erheblich wie bei den meisten älteren Hunde. Achte deshalb auf Glaukom, Katarakte und trockene Augen.

Dackel neigen zu Zahnproblemen. Mit der richtigen Pflege lassen sich die schlimmsten Komplikationen wahrscheinlich vermeiden, aber man sollte sie auch sorgfältig beobachten und auf Spiele verzichten, die Probleme verursachen oder sie verschlimmern könnten.

Morbus Cushing ist nicht häufig, aber es handelt sich um ein genetisches Gesundheitsproblem, das bei einigen Dackeln vorkommen kann. Wenn die Nebennierenrinde übermäßig viel Cortison produziert, entsteht ein Ungleichgewicht, das deinen Dackel anfällig für Unfälle, Haarausfall sowie gesteigerten Appetit und Gewichtszunahme machen kann.

Dackel neigen stärker als die meisten anderen Rassen dazu, die genetische Lebererkrankung portosystemischer Shunt zu entwickeln. Diese Krankheit verhindert die effektive Entfernung von Giftstoffen aus dem Blutkreislauf.

Angesichts ihrer Größe und ihrer Vorliebe fürs Fressen landen Dackel häufig auf der Liste der zehn Hunderassen, die am meisten von Fettleibigkeit bedroht sind. Du musst darauf achten, wie viel dein Dackel frisst und sich bewegt, da Übergewicht zu Rückenproblemen und einigen anderen rassetypischen Problemen wie Diabetes beitragen kann.

Dackel können auch Magenprobleme bekommen, wobei die Magendrehung (GDV) die gefährlichste Erkrankung ist. Diese Erkrankung kann tödlich sein. Die meisten Magenprobleme sind nicht gefährlich, aber sie können zu vielen Blähungen führen, was du erkennen kannst, wenn dein Hund länger als üblich auf deinem Schoß sitzt.

Degenerative Mitralklappenerkrankung ist eine Erkrankung, die bei Dackeln häufig auftreten kann. Dabei handelt es sich um eine undichte Herzklappe, und die Erkrankung beginnt normalerweise, wenn der Hund zwischen 8 und 10 Jahre alt ist. Dein Dackel sollte daraufhin überwacht werden, wenn er in die goldenen Jahre kommt.

Dackel leiden unter verschiedenen neurologischen Störungen, darunter Epilepsie, Narkolepsie und Lafora-Krankheit. Solche Erkrankungen treten besonders häufig bei rauhaarigen Dackeln auf. Symptome neurologischer Störungen sind übermäßiges oder spontanes Schlafen, ruckartige Bewegungen, Zittern und Krämpfe sowie Schwäche oder Gleichgewichtsprobleme.

## Eine Warnung über langen Rücken

Eines der charakteristischsten Merkmale dieser Rasse ist, dass der Rücken viel länger ist, als ein Dackel groß ist – das ist zwar niedlich, aber man muss auch vorsichtig sein. Es ist leicht, ihrem Rücken Schaden zuzufügen, deshalb solltest du deinen Hund immer auf dem Boden halten – das gilt für alle Hunde, aber bei Hunden mit verlängerten Rücken ist es besonders wichtig. Einige mögliche Rückenprobleme sind:

- Bandscheibenerkrankung
- Wirbelsäulenverletzungen

Da die meisten ihrer Rückenprobleme mit Aktivitäten und nicht mit Genetik zusammenhängen, gibt es einige Dinge, die du tun solltest, um sicherzustellen, dass dein Dackel sich nicht den Rücken verletzt. Kapitel 5 beschreibt einige Schritte, die du ergreifen solltest, um dein Zuhause vorzubereiten; Kapitel 16 erläutert die Arten von Rückenproblemen, die dein Hund entwickeln kann und auf die du achten solltest.

Es ist wichtig, dass du darauf achtest, da schätzungsweise 25 % aller Dackel Rückenprobleme bekommen. Und im Gegensatz zu Menschen können sie dir ihre Probleme nicht mitteilen.

# Intelligent, unabhängig und energiegeladen – aber möglicherweise vorsichtig bei Kindern

*„Dackel sind äußerst treu. Sie lieben die Menschen und anderen Hunde in ihrer Familie. Sei nicht überrascht, wenn sie dir von Raum zu Raum folgen, nur um in deiner Nähe zu sein."*

*Elizabeth Bender*
*BenderDachs*

Trotz ihrer Größe sind sie furchtlose Hunde, die schlau genug sind, um zu wissen, wie sie bekommen, was sie wollen. Diese Intelligenz kann Dackel in Schwierigkeiten bringen, besonders weil sie überraschend stur sein können. Da sie gezüchtet wurden, um andere Tiere in ihren Bauten zu verfolgen, können sie unglaublich verspielt werden, wenn sie allein im Garten gelassen werden. Dies und ihre Größe sind wichtige Gründe, warum du deinen Dackel niemals allein draußen lassen solltest.

Foto: Mit Erlaubnis von Samantha Oakes

Die Tatsache, dass so viele von ihnen furchtlos sind, scheint völlig im Widerspruch zu ihrem Aussehen zu stehen. Dies ist definitiv ein Aspekt, den du bedenken solltest, wenn du bereits Haustiere hast. Sie sind freundlich, aber dennoch musst du dir die Zeit nehmen, um sicherzustellen, dass dein Dackel gut sozialisiert ist. Sie können Kindern gegenüber misstrauisch sein. Ältere Dackel neigen oft dazu, andere Haustiere im Haus gegenüber Kindern vorzuziehen.

Sie können besitzergreifend sein, worauf du besonders achten solltest, wenn du einen erwachsenen Hund adoptierst. Bei richtiger Erziehung können die Hunde lernen, zu teilen.

Trotz ihrer Intelligenz sind sie nicht leicht stubenrein zu bekommen. Wenn du keinen Hund möchtest, der länger braucht, um stubenrein zu werden, solltest du dich nach einer anderen Rasse umsehen.

Ein weiteres großes potenzielles Problem ist die Aggression. Aufgrund ihrer Geschichte sind Dackel nicht dafür bekannt, zurückzuweichen, und sie können aggressiv reagieren, wenn sie sich bedroht fühlen, Angst haben oder verletzt wurden. Kapitel 7 geht näher darauf ein, wie man damit umgeht, aber es ist auf jeden Fall ein wichtiger Aspekt, den du beachten solltest. Mit ausreichender Sozialisation und konsequentem Training in jungen Jahren kannst du dieses Verhalten positiv beeinflussen und einen freundlichen, ausgeglichenen Begleiter heranziehen.

## Ein fantastischer Hund für ein städtisches Zuhause – Vorsicht beim Bellen

Die kleine Dackelgröße macht sie perfekt für jedes Zuhause; jedoch sollte der Wohnraum so gestaltet sein, dass sie sich problemlos darin bewegen können, ohne dass du sie ständig hochheben musst. Das Bellen liegt in ihrer Natur, da es in früheren Zeiten wichtig war, daher sind sie eine von Natur aus stimmfreudige Rasse. Im Gegensatz zur Stubenreinheit könnte es dir nicht allzu schwerfallen, deinem Dackel beizubringen, aus einem bestimmten Grund zu bellen, anstatt aus Langeweile oder wegen kleiner Geräusche. Mit dem richtigen Training können sie zu hervorragenden Wachhunden werden.

# KAPITEL 3
# **Einen Dackel finden**

Dackel sind eine sehr beliebte Rasse, weil sie so viel Spaß bereiten und mit ihrer kleinen Größe gelingt es ihnen, sich an fast
jede Umgebung zu gewöhnen. Sie haben zwar ihre Macken, aber wenn
du an diesem Punkt angekommen bist, hast du dich wahrscheinlich entschieden, dass du mit diesen Herausforderungen umgehen kannst, um
einen liebevollen, freundlichen Hund bei dir zu haben. Sie sind großartige Begleiter, aber du solltest planen, sie zu trainieren, egal ob du einen
erwachsenen Hund oder einen Welpen adoptierst.

## **Überlegungen und Schritte zur Rettung eines erwachsenen Dackels**

Wie viel Arbeit kannst du bewältigen? Schaffst du es, dich um einen
lebhaften Welpen zu kümmern, der noch alles lernen muss? Oder ziehst
du es vor, mit einem erwachsenen Hund zu arbeiten, der möglicherweise Probleme haben könnte, bei denen du ihm helfen musst, sie zu bewältigen? Welpen sind fast immer mehr Arbeit, aber man weiß nie, wel-

Foto: Mit Erlaubnis von
Dawn Bergeron

che Erfahrungen ein erwachsener Hund gemacht hat. Erfahrungen beeinflussen, wie er auf seine
Umgebung reagiert.

Die Suche nach deinem neu-
en Familienmitglied wird eine
Weile dauern, selbst wenn du
dich dafür entscheidest, einen erwachsenen Hund zu adoptieren.
Aufgrund der empfindlichen Rükken von Dackeln musst du etwas
Zeit investieren, um dein Zuhause
anzupassen, damit sich dein neuer kleiner Freund zurechtfindet,
falls du Treppen hast oder ihm
erlaubst, auf die Möbel zu gehen.
Es können auch Probleme auftre-

ten, die aus unsachgemäßer Zucht oder mangelnder Pflege zu Beginn des Lebens eines Dackels resultieren. Um sicherzustellen, dass du einen gesunden Welpen bekommst, der dein liebevoller Begleiter so lange wie möglich bleibt, solltest du einen seriösen Züchter finden, der mehr Wert auf die Welpen als auf Geld legt.

Der Ansatz, einen erwachsenen Dackel zu adoptieren, ähnelt dem Vorgehen, wenn man einen Welpen von einem Züchter adoptiert. Bei einem so intelligenten Hund solltest du jedoch deutlich mehr Fragen zur Adoption eines Erwachsenen stellen, insbesondere zu den bisherigen Erfahrungen des Hundes.

## Überlegungen

Einen Hund zu retten, birgt immer gewisse Risiken. Zwar kannst du bei Hundeschutzorganisationen auch Dackelwelpen finden, jedoch ist es viel wahrscheinlicher, dass du einen geretteten erwachsenen Hund findest. Die Adoption eines älteren Dackels kann viel Arbeit erfordern, und es ist äußerst wichtig, die Vorgeschichte des Hundes zu kennen, damit du weißt, was dich erwartet. Da Dackel stur sein können, geben manche Menschen schnell auf, ohne viel Mühe zu investieren.

Überlege dir Folgendes, um festzustellen, ob ein erwachsener Dackel gut zu deinem Zuhause passt.

- **Warum möchtest du einen erwachsenen Hund in dein Zuhause holen? Welche Erwartungen hast du an den Hund?**

Dackel verstehen die Befehle, die du gibst, aber sie können besonders stur sein, wenn sie nicht richtig trainiert wurden.

- **Hast du die Geduld, dich mit den Problemen eines ausgewachsenen Dackels auseinanderzusetzen?**

Rettungsorganisationen sammeln so viele Informationen wie möglich über die Hunde, die sie retten, aber ihr Wissen über die Vorgeschichte eines Hundes ist meist sehr begrenzt. Die Vorteile, einen Dackel zu retten, ähneln sehr denen, die man bei der Adoption eines jeden Rettungshundes hat. Es ist wichtig, etwas über deren Temperament zu wissen, damit du planen kannst, wie man dem Hund hilft, vergangene Erfahrungen zu überwinden und Probleme zu lösen. Die Chancen stehen gut, dass du nicht bei Null mit der Stubenreinheit anfangen musst. Erwachsene Hunde sind häufiger wach als Welpen und, auch wenn sie vielleicht etwas länger brauchen, um mit einem warm zu werden, kannst du je nach Alter viel schneller eine Bindung zu einem erwachsenen Hund aufbauen.

Foto: Mit Erlaubnis von
Alisa Ruiz

Erwachsene Dackel können etwas misstrauischer sein, besonders wenn sie nicht sozialisiert wurden oder früher schlecht behandelt wurden. Doch sobald sie sich sicher und heimisch fühlen, kommt ihre liebevolle Art meist recht schnell zum Vorschein. Sie sind eher vorsichtig gegenüber Kindern, wenn sie vorher keine Erfahrungen mit ihnen gemacht haben, da Kinder eine besondere Herausforderung darstellen. Sobald dein erwachsener Hund jedoch eine Bindung zu dir und deiner Familie aufgebaut hat, wird alles viel einfacher, und du könntest dir keinen besseren liebenswürdigeren und intelligenteren Vierbeiner wünschen.

- **Bist du in der Lage, dein Zuhause richtig hundesicher zu machen, bevor der Hund ankommt?**

Du kannst nicht einfach einen erwachsenen Hund ins Haus holen und ihn unkontrolliert herumlaufen lassen. Ähnlich wie bei der Vorbereitung auf einen Welpen solltest du sein Zuhause für einen geretteten erwachsenen Hund sichern, bevor dieser ankommt. Die meisten Menschen denken, es sei nicht nötig, ihr Zuhause für einen erwachsenen Hund vorzubereiten. Aber genauso wie bei einem Welpen brauchst du einen speziellen Bereich für den neuen Hund, um sicherzustellen, dass er die Regeln lernt, bevor er sich frei im Haus bewegen darf. Anfangs benötigst du einen Bereich, in dem der Hund sich mit dem neuen Zuhause vertraut machen kann, während du die Persönlichkeit und Fähigkeiten des neuen Hundes einschätzt. Dies ist eine ziemlich wichtige Überlegung, insbesondere wenn du andere Hunde und Katzen hast, da du für Harmonie im Haus sorgen möchtest.

- **Hast du Haustiere, die von einem neuen Hund betroffen sein könnten?**

Typischerweise sind andere Hunde das Problem, aber Dackel können am Anfang dennoch sehr misstrauisch sein, je nachdem, was sie erlebt haben, bevor sie zu dir nach Hause kamen. So freundlich die Hunde auch sind, du solltest dennoch vorsichtig sein, wenn du sie in deinem Zuhause einführst.

Gute Dackel-spezifische Rettungsorganisationen sind vorsichtig, wenn es darum geht, einen Hund mit Persönlichkeits- und Sozialisationsproblemen zu vermitteln. Rettungsheime hingegen sind weniger wählerisch bei der Vermittlung von Dackeln, da diese beliebt sind und in den meisten Haushalten als wenig riskant gelten.

Es ist eventuell nicht möglich, ein vollständiges Gesundheitsprotokoll für einen erwachsenen Dackel zu erhalten, aber wahrscheinlich findest du einen Hund, der bereits kastriert oder sterilisiert und gechippt ist. Sofern du keinen Dackel mit gesundheitlichen Problemen adoptierst (diese sollten von der Rettungsorganisation offengelegt werden, falls verfügbar), sind gerettete Hunde beim ersten Tierarztbesuch in der Regel kostengünstiger als Welpen – in den ersten Jahren wirst du wahrscheinlich nicht annähernd so viel für die Gesundheit deines Dackels bezahlen müssen. Du wirst jedoch viel mehr Zeit mit dem Training verbringen. Welpen haben eine kurze Aufmerksamkeitsspanne, was viele kurze Trainingseinheiten bedeutet. Erwachsene Hunde brauchen mehr Aufmerksamkeit und längere Trainingszeiten, damit sie sich daran gewöhnen, auf dich zu hören. Diese intensive Aufmerksamkeit ist nicht nur gut, um die Hausregeln beizubringen, sondern auch, um eine Bindung mit dem Hund aufzubauen.

Ältere Hunde bringen sofortige Freude. Du musst nicht die schlaflosen Nächte durchmachen, die mit einem neuen Welpen einhergehen, oder den Frust der Stubenreinheitserziehung ertragen.

Ein großer Vorteil bei der Anschaffung eines erwachsenen Hundes ist, dass er bereits seine volle Größe erreicht hat. Du musst nicht raten, wie groß der Hund werden wird, was es von Anfang an viel einfacher macht, die passende Ausrüstung und Hundezubehör zu besorgen.

Da diese Hunderasse weltweit beliebt ist, gibt es verschiedene Webseiten, die Menschen unterstützen, die einen Dackel suchen. Wenn du einen Dackel adoptieren möchtest, könntest du mit den Seiten des Deutschen Teckelklubs (DTK) oder der Tierheimseite des Deutschen Tierschutzbundes beginnen. Diese bieten Informationen zu Dackeln, die ein neues Zuhause suchen, und können dir helfen, deinen perfekten Dackel zu finden, oft mit einer Auflistung nach Bundesländern oder Regionen.

Du musst nicht unbedingt zu einer Rettungsorganisation gehen. Züchter haben meist ein tieferes Verständnis für den Dackel und seine Vorgeschichte. Verträge und Garantien schützen Welpen sowie die Familien, die sie aufnehmen. Willst du einen erwachsenen Hund, frage bei Züchtern nach Abgabetieren; mitunter vermitteln sie auch ältere Hunde. Stelle gezielte Fragen, um alle Details zu Charakter, Gesundheitszustand und möglichen Problemen zu erfahren. So gelingt die Zusammenführung reibungslos.

## Schritte zur Rettung eines Dackels

Wenn Du daran interessiert bist, über eine Rettungsorganisation oder -gruppe zu adoptieren, gibt es einige Dinge, die du beachten solltest. In diesem Abschnitt findest du die Fragen, die du dir stellen solltest. Wenn du in Erwägung ziehst, einen Welpen von einer Rettungsgruppe statt von einem Züchter zu adoptieren, stelle dir dieselben Fragen.

**Um dir ein besseres Bild von der Rettungsorganisation und ihrem Wissen über die Hunde, die sie vermitteln, zu machen, stelle dir die folgenden Fragen.**

- Was war der Grund für die Abgabe des Hundes?

- Hatte der Hund irgendwelche gesundheitlichen Probleme, als er ankam?

- Weiß man, wie der Hund von der vorherigen Familie behandelt wurde (einschließlich welcher Art von Ausbildung er erhalten hat, ob er schlecht behandelt wurde oder ob er sozialisiert wurde)?

- Wie viele Häuser kennt man, in denen der Hund gewesen ist?

- Welche tierärztliche Versorgung hat der Hund erhalten? Gibt es Unterlagen vom Zeitpunkt, bevor der Hund in ihre Obhut gekommen ist?

- Wird der Hund aufgrund bekannter oder vermuteter Probleme zusätzliche medizinische Betreuung benötigen?

Foto: Mit Erlaubnis von
J Hammond

- Ist der Hund stubenrein?
- Wie gut reagiert der Hund auf Fremde und Spaziergänge in vertrauten Gebieten?
- Hat der Hund gute Essgewohnheiten? Neigt er dazu, beim Fressen aggressiver zu sein?
- Wie reagiert der Hund auf Kinder und andere Haustiere?
- Gibt es bekannte Allergien?
- Hat der Hund bekannte zusätzliche diätetische Einschränkungen?
- Nimmt die Organisation den Hund zurück, wenn nach der Adoption Probleme mit dem Hund festgestellt werden?

Rettungsgruppen sollten zumindest ein grundlegendes Verständnis davon haben, wie gut der Dackel mit anderen Hunden interagiert, da der erwachsene Hund derzeit mit anderen Hunden zusammenlebt. Für Züchter gibt es den Vorteil, dass die erwachsenen geretteten Hunde bereits mit anderen Hunden zusammenleben und somit bereits ein gewisses Maß an Sozialisation abgeschlossen haben.

## Überlegungen zur Adoption eines Welpen und zur Auswahl eines Züchters

Welpen sind eine große Zeitinvestition, und ein so intelligenter und sturer Hund wie der Dackel macht einige Aspekte der Welpenerziehung noch schwieriger.

Stelle dir die folgenden Fragen, um festzustellen, ob ein Dackelwelpe gut zu deinem Zuhause passt.

- **Wie viel Zeit hast du zur Verfügung? Bist du bereit, all deine Freizeit aufzugeben und deinen Tagesablauf um deinen Welpen herum zu planen?**

Du musst dir genau überlegen, wie viel Zeit du investieren möchtest. Welpen bedeuten viel Arbeit, besonders anfangs, wenn der Welpe in deine Obhut kommt. Obwohl das Temperament eines Dackels größtenteils vorhersehbar ist, beeinflusst deine Erziehung und Sozialisation fast jeden Aspekt des späteren Lebens des Hundes. Das Training und die Sozialisation nehmen anfangs viel Zeit in Anspruch, aber sie sind unerlässlich, um einen gesunden Dackel großzuziehen.

Du möchtest auch, dass der Welpe weiß, dass dein Zuhause sicher ist und alle nur das Beste für ihn wollen.

- **Kannst du bei so einem niedlichen Welpen konsequent und standhaft bleiben?**

Von Anfang an musst du dich und deine Familie als Verantwortliche etablieren, damit

## Hilfreicher Tipp

### Rassehund oder Rettungshund?

Wie finde ich einen seriösen Dackelzüchter? Der Verband für das Deutsche Hundewesen (VDH) und der Deutsche Teckelklub (DTK) führen Listen mit anerkannten Dackelzüchtern, sortiert nach Regionen. Beim Kauf eines reinrassigen Welpen solltest du den Züchter nach der Krankengeschichte der Eltern und Großeltern fragen. Schau auf der Website des DTK unter der Rubrik "Vermittlung" nach, wenn du an einem Rettungsdackel interessiert bist.

dein Dackel die Hierarchie versteht, sobald er dein Zuhause betritt. Alle intelligenten Hunde brauchen mehr Zeit zum Trainieren, weil sie stur sein können. Du musst geduldig und konsequent bleiben, egal wie frustriert du bist oder wie süß die Welpenaugen auch sein mögen.

- **Hast du die Zeit, Energie und das Budget, um dein Zuhause welpensicher zu machen?**

Die Vorbereitung deines Zuhauses für die Ankunft deines Welpen beginnt schon lange vorher. Das Haus welpensicher zu machen, ist ebenso zeitaufwendig wie kindersicheres Einrichten. Wenn du keine Zeit dafür hast, solltest du in Erwägung ziehen, einen erwachsenen Hund zu adoptieren. Kapitel 5 enthält Details, was du tun solltest, bevor du einen Dackel ins Haus holst.

Ein Vorteil ist, dass du mehr Zeit mit einem Welpen verbringen kannst als mit einem erwachsenen Hund. Du erhältst Informationen über den Welpen und seine Eltern, was hilft, mögliche Probleme deines Dackels frühzeitig zu erkennen. So kannst du besser dafür sorgen, dass dein Welpe gesund bleibt und du kannst eventuelle Probleme schneller entdecken.

Manche Menschen finden es einfacher, eine Bindung zu Welpen als zu erwachsenen Hunden aufzubauen. Ein junger Welpe ist in einem neuen Zuhause nervös, passt sich jedoch meist schnell an, da er gerne die Gesellschaft von anderen genießt. Deine Hauptaufgabe wird sein, deinen Welpen zu schützen und viel Geduld beim Training zu haben. Mehr dazu später in einem anderen Kapitel.

Einen verantwortungsvollen Züchter zu finden, ist das Beste, was du für deinen Welpen tun kannst, da gute Züchter nur mit gesunden Elterntieren arbeiten, wodurch das Risiko ernsthafter Gesundheitsprobleme für den Welpen verringert wird. Nimm dir immer die Zeit, um Züchter gründlich zu recherchieren. Auch wenn die meisten Dackelzüchter einen guten Ruf haben, heißt das nicht, dass es nicht auch einige gibt, die mehr an Geld als an der Fürsorge für ihre Hunde interessiert sind.

## Einen Züchter auswählen

Sobald du genügend über die Rasse weißt, um zu verstehen, worauf du dich einlässt, solltest du mit Züchtern sprechen. Das Ziel ist herauszufinden, welche Züchter bereit sind, geduldig und ausführlich alle deine Fragen zu beantworten. Sie sollten ebenso viel Liebe für ihre Dackel haben, wie du für deinen neuen Welpen empfinden solltest. Außerdem sollten sie darauf achten, dass ihre Welpen in gute Hände kommen.

Wenn jemand regelmäßig Bilder und Informationen über die Eltern sowie den Verlauf der Schwangerschaft und Tierarztbesuche teilt, ist das ein sehr gutes Zeichen. Die besten Züchter sprechen nicht nur über ihre Hunde und Zukunftspläne, sondern bleiben auch nach der Übergabe des Welpen in Kontakt und beantworten alle Fragen. Solche Züchter haben oft Wartelisten. Dein Interesse daran, was später mit den Welpen passiert, zeigt ihre große Sorge um jeden einzelnen Hund. Suche dir auch einen Züchter, der offen über mögliche Probleme über Dackel spricht. Gute Züchter wollen sicherstellen, dass die neue Familie in der Lage ist, ihren Dackel richtig zu sozialisieren und zu erziehen. Beides ist wichtig, wenn der Welpe heranwächst.

Es ist wahrscheinlich, dass jedes Gespräch mit einem Züchter etwa eine Stunde dauert. Wenn ein Züchter keine Zeit hat oder nicht später sprechen möchte, kannst du ihn von deiner Liste streichen. Nachdem du mit allen potenziellen Züchtern gesprochen hast, vergleiche die Antworten.

**Folgende Fragen solltest du dir stellen. Achte während des Gesprächs darauf, mit den Züchtern sorgfältig Stichpunkte zu machen:**

- Kläre ab, ob du persönlich vorbeikommen kannst. Die Antwort sollte immer „ja" sein. Wenn nicht, musst du nichts weiter fragen. Bedanke dich und beende das Gespräch. Auch wenn der Züchter in einem anderen Bundesland ist, sollte er einen Besuch ermöglichen.

- Frage nach den erforderlichen Gesundheitstests und Zertifikaten für die Welpen. Diese Punkte werden im nächsten Abschnitt näher erläutert, also achte darauf, die verfügbaren Tests und Zertifikate für jeden Züchter abzuhaken. Sollten nicht alle Dokumente vorhanden sein, ziehe in Betracht, den Züchter nicht weiter in Erwägung zu ziehen.

- Achte darauf, dass der Züchter sich in den ersten Wochen um alle gesundheitlichen Anforderungen kümmert, insbesondere um Impfungen. Welpen brauchen bestimmte Behandlungen, bevor sie von der Mutter getrennt werden, um gesund zu bleiben. Impfungen und Entwurmungen beginnen normalerweise etwa sechs Wochen nach der Geburt der Welpen und müssen alle drei Wochen fortgesetzt werden. Wenn dein Welpe alt genug ist, um nach Hause zu kommen, sollte er gut in diesen Prozessen fortgeschritten oder sogar mit den ersten Phasen dieser wichtigen Gesundheitsmaßnahmen abgeschlossen sein.

- Frage, ob der Welpe kastriert werden muss, bevor er ein bestimmtes Alter erreicht. Diese Eingriffe erfolgen normalerweise im besten Interesse des Welpen.

- Finde heraus, ob der Züchter Mitglied in einem Dackelverein ist.

- Frage nach den ersten Lebensphasen deines Welpen, etwa wie der Züchter in den ersten Monaten für ihn sorgt. Er sollte ausführlich Auskunft geben können, ohne genervt zu wirken. Er sollte auch informieren, wie viel Training der Welpe vor seinem Einzug bereits erhalten hat. Möglicherweise beginnt der Züchter mit der Stubenreinheit. Falls ja, frage, wie schnell der Welpe das Training gelernt hat. Sie möchten dort weitermachen, wo der Züchter aufgehört hat, wenn der Dackel bei dir einzieht.

- Schaue, welche Ratschläge der Züchter zur Aufzucht deines Dackelwelpen gibt. Es sollte bereitwillig geholfen werden, um das Beste für deinen Hund zu tun, da ja das Ziel ist, dass die Welpen ein glückliches, gesundes Leben führen. Auch nach der Ankunft des Welpen bei dir zu Hause solltest du auf die Empfehlungen und den Rat des Züchters zählen können. Im Grunde bekommst du die Unterstützung und die Chance auf einen gesunden Hund.

- Frage, wie viele Rassen der Züchter pro Jahr betreut. Wie viele Elterntiere hat der Züchter? Welpen erfordern viel Zeit und Aufmerksamkeit, und die Mutter sollte zwischen den Trächtigkeiten Pausen haben. Informiere dich über die üblichen Abläufe des Züchters, um herauszufinden, ob die Eltern gut behandelt werden und als wertvolle Familienmitglieder gelten, und nicht nur als Einnahmequelle.

- Frage nach Aggressionen bei den Elterntieren. Erkundige dich auch, ob andere Hunderassen im Haushalt leben. Welpen sind zwar temperamentvoller formbar als erwachsene Hunde, aber wenn sie bereits mit anderen Rassen Kontakt hatten, lässt sich die Integration in einen Haushalt mit vorhandenen Hunden leichter gestalten.

## Verträge und Garantien

Züchterverträge und Garantien sollen sowohl die Welpen als auch dich schützen. Wenn ein Züchter einen Vertrag zur Unterzeichnung verlangt, lies ihn gründlich durch und stelle sicher, dass du alle Anforderungen erfüllen kannst, bevor du unterschreibest. Die Verträge sind in der Regel leicht verständlich, aber du solltest alle Fakten kennen, bevor du zustimmst. Neben der Zahlung für den Welpen zeigt die Vertragsunterzeichnung, dass du bereit bist, sich bestmöglich um den Welpen zu kümmern und die Mindestanforderungen des Züchters zu erfüllen. Ein Vertrag kann auch festlegen, dass der Züchter die Originalregistrierungspapiere des Welpen behält, obwohl du eine Kopie davon erhalten kannst.

Wenn eine Familie die Vereinbarung aus dem Vertrag nicht einhält, kann der Züchter den Welpen von dieser Familie zurücknehmen. Diese Hunde bieten einige Züchter zur Adoption an.

Die Garantie legt fest, welche Gesundheitszustände der Züchter für seine Welpen zusichert. Sie enthält in der Regel Informationen zur Gesundheit des Hundes und Empfehlungen für die weitere Pflege, sobald der Welpe die Zuchtstätte verlässt. Garantien können auch Pläne enthalten, um sicherzustellen, dass die vom Züchter begonnene Gesundheitsvorsorge vom neuen Besitzer fortgesetzt wird. Wenn ein ernstes Gesundheitsproblem entdeckt wird, musst du den Welpen zum Züchter zurückbringen. Der Vertrag erläutert auch, was nicht garantiert wird. Die Garantie ist oft sehr umfangreich, manchmal länger als der Vertrag, und du solltest sie vor der Unterzeichnung gründlich lesen.

Dackelverträge enthalten oft die Verpflichtung, den Hund zu kastrieren, sobald er ausgewachsen ist (normalerweise mit sechs Monaten). Der Vertrag kann auch Vorgaben zur Namensgebung, Gesundheitsangaben und Regelungen für den Fall enthalten, dass du das Tier nicht mehr versorgen kannst (der Hund geht dann meist zurück zum Züchter). Zudem könnten Informationen darüber enthalten sein, was passiert, wenn du deinen Hund vernachlässigen oder misshandeln solltest.

## Gesundheitstests und Zertifizierungen

Ein gesunder Welpe benötigt gesunde Eltern und eine saubere genetische Vorgeschichte. Ein guter Züchter führt ausführliche Aufzeichnungen über jeden Welpen und die Eltern. Prüfe die komplette Historie der Eltern, um zu verstehen, welche Eigenschaften dein Welpe wahrscheinlich erben wird. Achte auf Lernfähigkeit, Temperament, Anhänglichkeit und andere wichtige Charaktereigenschaften. Du kannst die Unterlagen entweder elektronisch anfordern oder sie beim Besuch des Züchters persönlich erhalten.

Es kann eine Weile dauern, die Informationen des Züchters über die Eltern zu überprüfen, aber es lohnt sich immer, Zeit in Recherche und

Planung zu investieren. Je mehr du über die Eltern weißt, desto besser bist du auf deinen Welpen vorbereitet.

Wenn du einen Dackel adoptieren möchtest, solltest Züchter oder Tierheime nach bestimmten Gesundheitsproblemen fragen.

Folgende Gesundheitstests sollten alle Züchter bei ihren Dackeln durchführen lassen:

- Herzuntersuchung

- Augenuntersuchung durch ein Mitglied des ACVO, das bei der OFA oder CERF registriert ist.

- Beurteilung der Kniescheibe

Züchter, die sich die Zeit nehmen, einem der vielen Dackelvereine beizutreten, zeigen damit ihr ernsthaftes Interesse an der Gesundheit ihrer Welpen. Diese Organisation stellt standardisierte Anforderungen, sodass eine Mitgliedschaft darauf hinweist, dass die Züchter zuverlässig und angesehen sind.

## Einen Welpen vom Züchter auswählen

*„Wenn du einen Welpen von einem Züchter auswählst, solltest du die Persönlichkeit der Eltern kennen. Das gibt dir einen guten Eindruck davon, wie der Welpe sein wird. Triff, wenn möglich, die Eltern persönlich."*

**Kim Gillet**
*Cameo Dachshunds*

Die Auswahl deines Welpen sollte persönlich erfolgen. Sie können jedoch nach der Geburt mit Bildern und Videos vom Züchter beginnen. Sobald du die Welpen persönlich sehen darfst, beachte Folgendes:

- Bewerte die ganze Gruppe der Welpen. Wenn die meisten oder alle Welpen aggressiv oder ängstlich sind, deutet das auf ein Problem mit dem Wurf oder (wahrscheinlicher) dem Züchter hin. Hier sind einige Warnsignale, die bei den meisten Welpen auftreten können:

  - Eingezogene Schwänze

  - Vor Menschen zurückscheuen

- Winseln, wenn Menschen näher kommen

- Ständiges Angreifen Ihrer Hände oder Füße (mehr als nur Anspringen)

- Beobachte, wie gut jeder Welpe mit den anderen spielt. Das ist ein hervorragender Hinweis darauf, wie dein Welpe auf andere Haustiere, die du bereits zu Hause hast, reagieren wird.

- Beachte, welche Welpen dich zuerst begrüßen und welche sich zurückhalten und beobachten.

- Die Welpen sollten weder zu dick noch zu dünn sein. Ein aufgeblähter Bauch deutet meist auf Würmer oder andere gesundheitliche Probleme hin.

- Welpen sollten gerade, kräftige Beine haben. Gespreizte Beine können ein Anzeichen für Probleme sein.

- Untersuche die Ohren des Welpen auf Milben, die Ausfluss verursachen können. Das Innere des Ohrs sollte rosa und nicht rot oder entzündet sein.

- Die Augen sollten klar und strahlend sein.

- Untersuche das Maul des Welpen auf rosige, gesund aussehende Zahnfleisch.

- Streichle den Welpen, um sein Fell auf Folgendes zu überprüfen:

  - Achte darauf, dass das Fell dicht und voll wirkt. Wenn der Züchter das Fell verfilzt oder stark verschmutzt lässt, deutet das darauf hin, dass er sich wahrscheinlich nicht richtig um die Tiere kümmert.

  - Untersuche das Fell auf Flöhe und Milben, indem du mit der Hand vom Kopf bis zum Schwanz und dann unter dem Schwanz entlangfährst (Flöhe verstecken sich oft unter dem Schwanz der meisten Hunde). Milben können wie Schuppen aussehen.

- Überprüfe das Hinterteil des Welpen auf Rötungen und Wunden und schaue, ob der letzte Stuhlgang fest ist.

Wähle den Hundewelpen, der Charaktereigenschaften zeigt, die du dir wünschst. Wenn du einen aufgeschlossenen, freundlichen und lebhaften Hund möchtest, könnte der erste Welpe, der dich begrüßt, der richtige sein. Wenn du einen Hund suchst, der nachdenkt und anderen den Vortritt lässt, halte Ausschau nach einem Welpen, der erst beobachtet, bevor er auf dich zukommt.

# KAPITEL 4
# **Deine Familie vorbereiten**

Die Vorbereitung deiner Familie auf euren kleinen Dackel, der stets eine große Persönlichkeit hat, ist eine besonder Herausforderung. Ihre geringe Größe, der hohe Energielevel und ihre Intelligenz machen sie unglaublich interessant, und sie werden oft schneller zum Familienmitglied, als du denkst. Es ist manchmal lustig, einem so kleinen, etwas komisch aussehenden Hund zuzusehen, der so furchtlos erscheint. Dackel sind neugierig, also vergiss nicht, dass man sehr vorsichtig mit ihnen sein muss.

Wie bereits erwähnt, und es ist wichtig genug, um es zu wiederholen, muss der Familie klargemacht werden, dass sie auf den Rücken des Hundes achten müssen. Vor allem Kinder sollten das oft hören. Der kleine Dackel sieht niedlich und kuschelig aus, was dazu verleitet, ihn hochzuheben. Die Familie muss diesem Drang widerstehen, um den Rücken des Hundes nicht zu verletzen. Andere Kapitel behandeln die Gesundheitsrisiken, aber fürs Erste sollte jeder in der Familie, insbesondere die jüngeren Familienmitglieder, verstehen, vorsichtig im Umgang mit dem Kleinen zu sein.

Darüber hinaus gibt es eine Menge Aufgaben, die erledigt werden müssen, bevor dein neuer Hund ankommt. Du musst klären, wer für die verschiedenen Bedürfnisse des Hundes verantwortlich ist und wo dein neuer Hund in den ersten Wochen sein wird (auch ein erwachsener Hund braucht anfangs einen festen Platz, während ihr euch kennenlernt). Lege fest, wer hauptsächlich für die Pflege des Hundes zuständig ist, und alle Familienmitglieder sollten das berücksichtigen. Das ist eine der ersten Regeln, die vor der Ankunft deines Dackels beachtet werden muss.

## Hilfreicher Tipp
### Sei finanziell vorbereitet

Da Dackelwelpen je nach Qualität, Eigenschaften und Blutlinie der Eltern zwischen 200 € und 3.500 € kosten, solltest du wissen, wonach du suchst, bevor du kaufst. Bestimmte Felltypen, Größen und Farben sind teurer, da sie gefragt sind. Wenn du lieber einen Dackel adoptieren möchtest, plane etwa 200 € für die Kosten ein.

## Das Budget für das erste Jahr planen

Einen Welpen zu versorgen kann teurer sein, als du denkst. Es ist sinnvoll, ein Budget einzuplanen, weshalb es gut ist, einige Monate im Voraus mit dem Kauf von Zubehör zu beginnen. Beim Einkauf merkt man schnell, wie viel man monatlich ausgeben wird. Natürlich gibt es Dinge, die man nur einmal kauft, aber vieles, wie Futter und Leckerlis, muss regelmäßig nachgekauft werden.

Beginne mit dem Budgetieren, sobald du dich entscheidest, einen Welpen zu holen. Die Kosten umfassen die Adoptionsgebühr, die bei Rassehunden in der Regel höher ist als bei einem Tierheimhund.

Tierarztkosten und andere Gesundheitskosten, wie regelmäßige Impfungen und ein jährlicher Check-up, sollten mit in deinem Budget eingeplant werden.

Foto: Mit Erlaubnis von
Veronica Malhiot

Die folgende Tabelle kann dir helfen, dein Budget zu planen. Beachte, dass die Preise grobe Durchschnittswerte sind und je nach Wohnort erheblich variieren können.

| Artikel | Überlegungen | Geschätzte Kosten |
|---|---|---|
| Kiste | Dies sollte ein gemütlicher Ort sein, an dem der Welpe schlafen und sich ausruhen kann. | Drahtkisten: Preisbereich 60 € bis 350 € |
| Bett | Das Bett wird in die Kiste gelegt. | 10 € bis 55 € |
| Leine | Am Anfang sollte sie kurz sein, damit du deinen Welpen davon abhalten kannst, übermütig zu werden und ans Ende einer langen Leine zu rennen. | Kurze Leine: 6 € bis 15 € |
| Kotbeutel für Spaziergänge | In Parks ist das nicht nötig. Wer nicht täglich Zugang zu Kotbeutel hat, sollte eine Packung kaufen, um sicherzugehen, dass sie nicht ausgehen. | Einzeln unter 1 € pro Stück. Packs: 4 € bis 16 € |
| Halsband | Es sollte bequem sitzen, ohne zu locker oder zu eng zu sein. Anfangs kann es schwierig sein, die richtige Passform zu finden, und du musst es anpassen, während dein Welpe wächst. | 10 € bis 30 € |
| Tags | Diese werden wahrscheinlich von deinem Tierarzt bereitgestellt. Erkundige dich, welche Informationen auf den Marken stehen, und kaufe diejenigen, die nicht bereitgestellt werden. Dein Dackel sollte mindestens eine Marke mit deine Adresse haben, falls er entläuft. | Kontaktiere deinen Tierarzt vor dem Kauf, um zu klären, ob die erforderlichen Tollwutmarken deine Kontaktdaten enthalten. |

| | | |
|---|---|---|
| Welpenfutter | Das hängt davon ab, ob du das Futter für deinen Dackel selbst zubereitest, kaufst oder beides tust. Je größer der Beutel, desto höher die Kosten, aber desto seltener musst du neues Futter kaufen. Anfangs benötist du spezielles Welpenfutter, aber nach dem zweiten Jahr kannst du darauf verzichten. Futter für ausgewachsene Hunde ist teurer, daher solltest du mit höheren Kosten rechnen, sobald dein Welpe erwachsen ist. | 9 bis 90 € pro Beutel |
| Wasser- und Futternäpfe | Diese sollten im Bereich des Welpen aufbewahrt werden. Bei mehreren Hunden braucht der Welpe eigene Futternäpfe. Wenn dein Welpe gerne kaut, solltest du einen Edelstahlnapf in Betracht ziehen. | 10 bis 40 € |
| Zahnbürste/ Zahnpasta | Du musst regelmäßig seine Zähne putzen, also plane, im ersten Jahr mehr als eine Zahnbürste zu kaufen. | 2,50 € bis 14 € |
| Bürste | Dackelfell ist ziemlich pflegeleicht, aber regelmäßiges Bürsten ist dennoch wichtig. Bei Welpen ist Bürsten eine tolle Möglichkeit, eine Bindung aufzubauen. | 2,50 € bis 12 € |
| Spielzeug | Du solltest deinem Welpen unbedingt Spielzeug besorgen, vor allem solches fürs kräftige Kauen, auch wenn er es schnell zerstört. Auch als erwachsener Hund möchte dein Dackel vielleicht weiter Spielzeug benutzen (die Kosten für Spielzeug für ausgewachsene Hunde sind nicht inbegriffen). | 2,00 € Spielzeugpakete kosten zwischen 10 € und 20 € (langfristig einfacher, da Ihr Hund Spielzeuge schnell zerkauen wird) |
| Trainingsleckerlis | Trainingsleckerlis benötigst du von Anfang an und du musst sie wahrscheinlich nicht je nach Alter deines Dackels ändern; eventuell musst du sie wechseln, um das Interesse deines Hundes aufrechtzuerhalten. | 4,50 € bis 15 € |

*Foto: Mit Erlaubnis von
Shelly Younger*

Der Größenunterschied zwischen einem Welpen und einem ausgewachsenen Tier ist nicht erheblich, sodass du keine zwei verschiedenen Boxen oder andere Ausstattungen benötigst. Dennoch musst du einige Dinge wie das Halsband anpassen.

# Regeln für Kinder

Dein Hund sollte sich von Anfang an wohlfühlen. Achte darauf, dass deine Kinder vorsichtig und sanft mit ihm umgehen, egal ob du einen Welpen oder einen erwachsenen Hund adoptierst. Diese Rasse sieht sehr niedlich aus, und manche Kinder könnten versucht sein, den Hund wie ein Spielzeug zu behandeln, was deinem Dackel schaden könnte. Stelle sicher, dass deine Kinder von Anfang an alle Regeln befolgen, damit sich dein Hund sicher und glücklich fühlt, aber nicht versehentlich verletzt werden könnte.

Erinnere deine Kinder regelmäßig an die folgenden Regeln, sowohl vor als auch nach der Ankunft des Welpen. Ältere Teenager können wahrscheinlich beim Welpen helfen, aber jüngere Teenager und Kinder sollten in den ersten Monaten nicht allein mit ihm gelassen werden. Denke daran, dass du sehr konsequent sein musst, um sicherzustellen, dass der Welpe nicht verletzt oder verängstigt wird.

Die folgenden fünf goldenen Regeln sollten deine Kinder von Anfang an befolgen:

1. Sei stets sanft und respektvoll.

2. Störe den Welpen nicht beim Fressen.

3. Chase ist ein Spiel im Freien.

4. Der Dackel sollte immer fest auf dem Boden bleiben. Hebe ihn niemals hoch. Denke regelmäßig daran, um die Wirbelsäule deines Dackels zu schützen.

5. Alle Wertgegenstände sollten außerhalb der Reichweite des Welpen aufbewahrt werden.

Wenn deine Kinder fragen, warum das so sein muss, kannst du ihnen die folgenden Erklärungen geben. Du kannst sie für jüngere Kinder vereinfachen oder als Gesprächseinstieg mit Teenagern nutzen.

## Sei immer freundlich und respektvoll

Dackelwelpen sind sehr niedlich und kuschelig, aber auch empfindlich. Du solltest niemals grob mit dem Welpen oder einem ausgewachsenen Dackel spielen. Es ist wichtig, respektvoll mit dem Welpen umzuge-

Foto: Mit Erlaubnis von
Jessica Lynch

hen, damit der Hund auch lernt, Menschen und andere Tiere respektvoll zu behandeln.

Diese Regel muss konsequent angewendet werden, wenn eure Kinder mit dem Welpen spielen. Seid aufmerksam, wenn ihr merkt, dass sie zu aufgeregt oder grob werden. Auch der Welpe sollte nicht zu aufgeregt sein, da er sonst jemanden zwicken oder beißen könnte. Wenn das passiert, ist es nicht seine Schuld, sondern die des Kindes, weil er es noch nicht besser gelernt hat. Stelle sicher, dass eure Kinder die möglichen Folgen verstehen, wenn sie zu grob werden.

## Fütterung

Dackel, wie fast jede Hunderasse, können ihr Futter beschützen, besonders wenn sie früher für sich selbst sorgen mussten. Auch bei einem Welpen solltest du vermeiden, dass er sich unsicher fühlt, damit er beim Fressen nicht aggressiv wird. Vermeide Ärger, indem du deiner Familie klarmachst, dass die Fütterungszeit die Zeit deines Dackels ist. Ebenso sollten deine Kinder lernen, dass ihre Mahlzeiten für den Welpen tabu sind. Kein Füttern vom Tisch!

## Jagen

Achte darauf, dass deine Kinder verstehen, warum ein Fangspiel draußen in Ordnung ist (auch wenn du es überwachen solltest), aber im Haus ist es tabu.

Im Haus herumzulaufen vermittelt deinem Dackelwelpen den Eindruck, dass das Zuhause unsicher ist, weil er verfolgt wird. Zudem lernt dein Welpe, dass Rennen im Haus in Ordnung ist, was sehr gefährlich sein kann, wenn der Hund größer und älter wird. Was zu vermeiden gilt, ist, dass dein erwachsener Dackel durchs Haus rast und dabei Menschen anstößt, nur weil es ihm als Welpe erlaubt war.

## Pfoten auf dem Boden

Diese Regel erfordert wahrscheinlich einige Erklärungen für deine Kinder, da Dackel, besonders Welpen, wie Spielzeuge aussehen. Niemand sollte den Welpen vom Boden hochheben. Auch wenn du deinen neuen Familienzuwachs gerne herumtragen oder wie ein Baby behandeln möchtest, musst du und deine Familie diesem Drang widerstehen. Besonders Kinder haben Schwierigkeiten, das zu verstehen, da sie den Dackelwelpen eher als Spielzeug als ein Lebewesen sehen. Je jünger deine Kinder sind, desto schwieriger wird es für sie, den Unterschied zu begreifen.

Es ist verlockend, den Dackel wie ein Baby zu behandeln und herumzutragen, aber das ist für den Welpen sehr unangenehm und ungesund. Ältere Kinder merken schnell, dass ein Biss oder Kniff eines Welpen mehr schmerzt, als man denkt. Diese kleinen Zähne sind ziemlich scharf, und man möchte nicht, dass der Welpe fallen gelassen wird. Wenn deine Kinder lernen, den Welpen nicht hochzuheben, wird vieles besser. Denke daran, dass dies auch für dich gilt, also mache es dir nicht unnötig schwer, indem du etwas tust, was du deinen Kindern ständig verbietest.

## Wertgegenstände außer Reichweite aufbewahren

Wertgegenstände sollten nicht im Maul eines Welpen landen, egal ob es sich um Spielzeug, Schmuck oder Schuhe handelt. Deine Kinder werden wenig begeistert sein, wenn ein neugieriger Welpe ihre Sachen zerbeißt. Bringe ihnen bei, Spielzeug, Kleidung und andere Wertgegenstände außerhalb der Reichweite des Welpen aufzubewahren.

# Vorbereitung deiner jetzigen Hunde

Dackel sind meist entspannt, daher hängt das Zusammenspiel mit deinen Hunden von deren Persönlichkeit ab. Falls du bereits Hunde hast, sollten sie auf den Neuzugang vorbereitet werden.

**Das sind die wichtigsten Aufgaben, um deine derzeitigen Haustiere auf den Neuzugang vorzubereiten:**

- Erstelle einen Zeitplan für die Aktivitäten und die Personen, die teilnehmen müssen.
- Bewahre die Lieblingsplätze und Möbel deiner derzeitigen Hunde und achte darauf, dass Spielzeug und Utensilien nicht im Bereich des Welpen liegen.
- Organisiere Spieltreffen bei dir zu Hause und beobachte, wie deine Hunde auf einen Neuzugang reagieren.

## An einen Zeitplan halten

Natürlich wird der Welpe viel Aufmerksamkeit bekommen, daher solltest du bewusst darauf achten, deinen bisherigen Haustieren zu zei-

gen, dass du sie weiterhin liebst und sich um sie kümmerst. Plane feste Zeiten nur für deinen derzeitigen Hund oder deine Hunde ein und halte dich auch nach der Ankunft des Welpen an diesen Plan.

Stelle sicher, dass für jeden Hund mindestens ein Erwachsener anwesend ist. Katzen sind normalerweise weniger problematisch, aber es ist sinnvoll, bei der Ankunft des Welpen mindestens eine weitere Person dabei zu haben. Wir werden später genauer auf die Rollen der anderen Erwachsenen eingehen. Sobald du weißt, wann dein Welpe einzieht, organisiere zusätzliche Unterstützung. Vergiss nicht, die Personen rechtzeitig zu erinnern. Nutze dazu die Alarmfunktion auf deinem Smartphone und notiere dir Datum, Uhrzeit und Abholinformationen für deinen Welpen.

Ein ist vorteilhaft, bereits einen festen Zeitplan für deine anderen Hunde zu haben, bevor dein Dackelwelpe ankommt, ist, weil es dann einfacher ist, auch mit dem Welpen einen Plan einzuhalten. Dackel lieben es, zu wissen, was sie erwartet, zumindest am Anfang.

Dein Welpe wird hauptsächlich fressen, schlafen und den Großteil des Tages und der Nacht in seinem zugewiesenen Bereich verbringen. Daher sollte dieser Bereich nicht den Zugang deines Hundes zu seinen Lieblingsmöbeln, seinem Bett oder anderen Ruheplätzen blockieren. Keine Sachen deines Hundes, einschließlich Spielzeug, sollten dort sein.

Dein Hund soll nicht das Gefühl haben, dass der Welpe sein Revier ein-nimmt. Erkläre deinen Kindern, dass sie niemals die Sachen deines Hun-des in den Bereich des Welpen legen sollen.

In den ersten Tagen sollte dein Hund und der Welpe getrennt gehal-ten werden, auch wenn sie freundlich wirken, bis der Welpe alle Impfun-

Foto: Mit Erlaubnis von
Karen Syler

gen erhalten hat. Welpen sind in dieser Zeit anfälliger für Krankheiten, daher sollten die Hunde erst zusammenkommen, wenn der Welpe geschützt ist. Den Welpen in seinem Bereich zu lassen, sorgt für die notwendige Trennung in dieser wichtigen Phase.

## Zusätzliche Spieltreffen für deinen Hund organisieren

Hier sind ein paar hilfreiche Tipps, die deinen Hund am besten auf die Ankunft deiner Welpen vorbereiten.

- Denke an die Persönlichkeit deines Hundes, um den besten Weg für den ersten Tag, die Woche und den Monat zu planen. Jeder Hund ist einzigartig, daher solltest du die Persönlichkeit deines Hundes berücksichtigen, um zu entscheiden, wie die Ankunft des neuen Hundes abläuft. Wenn dein jetziger Hund andere Hunde liebt, wird das wahrscheinlich auch beim Welpen so sein. Hat dein Hund territoriale Neigungen, solltest du vorsichtig bei der Einführung und in den ersten Monaten sein, damit dein Hund lernt, dass der Dackel jetzt zum Rudel gehört. Aufgeregte Hunde benötigen besondere Aufmerksamkeit, um zu verhindern, dass sie sich zu sehr aufregen, wenn ein neuer Hund nach Hause kommt. Du willst nämlich nicht, dass sie aufgeregt werden und dem kleinen Dackel versehentlich wehtun.

- Denke an die Zeiten, in denen andere Hunde zu Besuch waren und wie dein jetziger Hund darauf reagiert hat. Wenn dein Hund territoriales Verhalten gezeigt hat, solltest du besonders vorsichtig sein, wie du den neuen Welpen vorstellest. Falls du noch nie einen anderen Hund eingeladen hast, organisiere ein paar Spieltreffen mit anderen Hunden bei dir zu Hause, bevor dein neuer Dackelwelpe einzieht. Du musst wissen, wie dein jetziger Vierbeiner auf neue Hunde im Haus reagiert, um sich richtig vorbereiten zu können. Ein Hund im eigenen Zuhause zu treffen, ist ganz anders, als ihm draußen zu begegnen.

- Überlege dir, wie dein Hund seit jeher mit anderen Hunden umgeht. Hat er jemals ein schützendes oder besitzergreifendes Verhalten gezeigt, sei es gegenüber dir oder anderen? Futter ist ein Grund, warum Hunde manchmal Aggressionen zeigen, da sie nicht wollen, dass jemand ihr Fressen stiehlt. Manche Hunde beschützen auch Menschen und Spielzeug.

Die gleichen Regeln gelten, egal wie viele Hunde du hast. Beachte die Persönlichkeiten jedes einzelnen Hundes und daran, wie sie miteinander umgehen. Ähnlich wie bei Menschen kann es sein, dass deine Hunde zusammen anders reagieren. Das solltest du beachten, wenn du dein erstes Treffen planst.

Siehe Kapitel 8 für Tipps, wie du deine jetzigen Hunde und deinen neuen Welpen zusammenführst und wie du den Umgang mit einem neuen Welpen und deinen vorhandenen Haustieren meisterst.

## Sowohl für die ganze Familie als auch für Katzen geeignet

Viele Menschen entscheiden sich für einen Dackel, weil diese Rasse als besonders liebevoll und anhänglich gilt. Ältere Hunde mit schlechten Erfahrungen oder fehlender Sozialisation könnten allerdings nicht so freundlich zu Katzen sein, daher solltest du bei der Bekanntmachung vorsichtiger sein. Auch wenn die Katze größer ist, wird der Dackel keine Angst vor ihr haben. Meistens lassen sich Dackel leicht mit vorhandenen Hunden und Katzen im Haushalt bekannt machen. Wahrscheinlicher ist es, dass die Katze von dem neuen Eindringling genervt ist, als dass der Dackel sie jagen will. Wenn die Katze wegläuft, könnte der Welpe das für ein Spiel halten, aber die meisten Dackel wollen einfach nur spielen.

Du musst einige Vorbereitungen in deinem Zuhause treffen (siehe Kapitel 5) und darauf achten, wie du deinen neuen Dackel an deine anderen Haustiere gewöhnst (siehe Kapitel 7).

## KAPITEL 5
# Dein Zuhause und deinen Zeitplan vorbereiten

Unabhängig vom Alter des Dackels, den du nach Hause bringest, solltest du ein paar Stunden einplanen, um dein Zuhause vorzubereiten. Da sowohl Welpen als auch erwachsene Hunde nah am Boden sind, sind viele Vorsichtsmaßnahmen gleich – betrachte alle möglichen Risiken aus Bodensicht. Zudem ist es wichtig, zusätzlich Maßnahmen für einen gesunden Rücken deines kleinen Lieblings zu ergreifen.

So unschuldig sie auch wirken, man muss bedenken, dass Dackel kluge Hunde sind und Dinge herausfinden können, die man nicht erwartet. Das bedeutet, sie werden sich umsehen und erkunden, was sie entdecken können. Das kann sowohl für den Welpen als auch für dein Zuhause gefährlich werden. Dein Dackel wird neugierig sein und versuchen, in Schränke, niedrige Mülleimer und andere leicht zugängliche Ge-

Foto: Mit Erlaubnis von
Shari Starling

Foto: Mit Erlaubnis von
Chloe Reynolds & Conor Chuck

genstände zu gelangen. Das Zuhause für einen Welpen vorzubereiten, der klein genug ist, um in enge Räume zu gelangen, ist definitiv knifflig. Denke daran, dass diese Rasse seit Jahrhunderten dafür bekannt ist, in Löcher zu kriechen, und sich in sehr enge Räume zwängen kann, wenn man nicht aufpasst.

In der Woche vor der Ankunft deines Welpen solltest du zahlreiche Überprüfungen durchführen, um sicherzustellen, dass dein Zuhause für das neue Familienmitglied sicher ist. Ein sicherer Platz mit allen wichtigen Dingen (einschließlich Spielzeug) für deinen neuen Dackel sorgt dafür, dass die Ankunft des neuen Familienmitglieds für alle, besonders für deinen neuen vierbeinigen Freund, eine wunderbare Zeit wird.

Selbst wenn du einen erwachsenen Dackel nach Hause bringst, solltest du dich darauf einstellen, dass ein unglaublich eigensinniges Kleinkind einzieht, das in Ecken gelangt, die du nie für möglich gehalten hättest. Dackel müssen lernen, dass du das Sagen hast, was bedeutet, dass du erst ihren Respekt gewinnen müsst, bevor sie dir gehorchen. Falls dein Hund noch nicht gelernt hat, nicht nach Essen zu schnappen, nicht auf Möbel zu klettern oder andere Regeln zu beachten, wird das Training deines neuen Freundes eine Herausforderung. Dein Zuhause hundesicher zu machen, hilft, deinem Hund zu schützen, während er lernt, dir zuzuhören.

## Einen geschützten Bereich für deinen Welpen einrichten

Dein Welpe benötigt einen eigenen Bereich mit einer Hundebox (mehr dazu im nächsten Abschnitt), Futter- und Wassernäpfen, Welpenunterlagen und Spielzeug. All diese Dinge sollten sich dort befinden, wo der Welpe bleibt, wenn du ihm keine Aufmerksamkeit schenken kannst. Der Bereich sollte sicher und mit einem Gitter abgesperrt sein, damit der Welpe nicht herauskommt und kleine Kinder oder andere Hunde nicht hineinkommen können. Es sollte ein sicherer Ort sein, von dem aus der Welpe dich bei deinen täglichen Tätigkeiten sehen und sich wohlfühlen kann.

## Den Rücken deines Dackels gesund halten

Der Rücken deines Dackels ist das größte Gesundheitsrisiko für deinen Hund. Auch ohne genetische Probleme kann er sich verletzen, wenn du dein Zuhause nicht richtig vorbereitest. Dies ist für einen erwachsenen Hund noch wichtiger als für einen Welpen.

Denke daran, dass du deinen Dackel niemals hochheben solltest. Dies birgt ein erhebliches Gesundheitsrisiko, da die Schwerkraft den Körper so verdrehen kann, dass der lange Rücken verletzt wird. Hebe deinen Dackel niemals hoch.

Um sicherzustellen, dass du keinen Grund hast, deinen Welpen hochzuheben – und dies ist besonders wichtig, wenn du Kinder hast – solltest du Rampen aufstellen, damit dein kleiner Vierbeiner die erlaubten Bereiche erreichen kann. Wenn dein Dackel auf Möbel darf, sollte es eine Rampe zum Hoch- und Runtersteigen geben. Von den Möbel zu springen kann ihm schaden. Tägliches Springen vom Bett oder Sofa erhöht das Risiko einer Rückenverletzung erheblich.

Man kann auch kleine Stufen installieren. Wenn du Treppen hast, ist das in Ordnung. Achte nur darauf, dass sie nicht zu steil sind, um den

Rücken deines Hundes zu schonen. Bei steilen Treppen solltest du ein Kindergitter verwenden, damit dein Dackel sie nicht benutzt. Dadurch bleibt der Dackel nur im unteren Bereich. Sind die Treppen draußen, baue eine Rampe an der Seite für deinen Dackel auf.

# Transportboxen und Boxentraining

Das Training eines Dackelwelpen mit einer Hundebox kann recht einfach sein (viel einfacher als Stubenreinheit), aber nur, wenn die Box weder zu groß noch zu klein ist und sich der Hund darin sicher fühlt. Damit das Training später leichter wird, sollten die Box und das Bettchen des Welpen bereits vorbereitet sein, bevor er ankommt.

Behandle die Hundebox niemals wie ein Gefängnis für deinen Welpen. Dein Dackel sollte die Box nie mit Strafe in Verbindung bringen – sie soll ein sicherer Rückzugsort nach Überreizung oder zum Schlafen sein. Achte darauf, dass dein Hund die Box nicht mit negativen Gefühlen verbindet. Die Box sollte verstellbar sein, damit du sie vergrößern kannst,

*Photo Courtesy Jennifer Wyatt*

wenn dein Welpe erwachsen wird. In den ersten Wochen kannst du auch eine Transportbox verwenden, um den Weg zum Tierarzt zu erleichtern. Diese Box ist für einen erwachsenen Dackel nicht geeignet (als Erwachsener kann dein Hund einfach in die Praxis laufen), aber für einen Welpen bietet die Transportbox genug Platz.

Wie bereits in einem früheren Kapitel erwähnt wurde, kann die Hundebox beim Stubenreinwerden helfen. Da Dackel oft schwer stubenrein werden, ist es sinnvoll, eine Welpenunterlage so weit wie möglich von der Box entfernt zu platzieren. Dadurch hat der Welpe bei schlechtem Wetter einen Ort, um sein Geschäft zu verrichten. Erkundige dich beim Züchter, ob der Welpe bereits mit dem Training begonnen hat. Wenn es Fortschritte gibt, solltest du die Unterlage eher weglassen.

*Photo Courtesy Elisabeth Linka*

# Kauf und Vorbereitung von Materialien und Zubehör

Die Ankunft deines Welpen erfordert den Kauf vieler Dinge im Voraus. Die Liste ist oft länger, als man denkt, deshalb lohnt es sich, gründlich zu überlegen, was du in deinem Zuhause und unter deinen Umständen benötigst. Wenn du mit den Einkäufen beginnst bzw. sobald du den Züchter gefunden hast, kannst du die Kosten über einen längeren Zeitraum verteilen. So kann es nicht teurer werden, als es ist. Folgende Dinge solltest du vor der Ankunft deines neuen Hundes besorgt haben:

- Kiste
- Bett
- Leine
- Hundekotbeutel für Spaziergänge
- Kragen
- Tags
- Welpenfutter/ Erwachsenenfutter (je nach Alter des Hundes)

- Wasser- und Futternäpfe
- Zahnbürste/Zahnpasta
- Bürste
- Spielzeug
- Trainingsleckerlis
- Rampen oder Treppen, falls du sie nutzen möchtest

Sprich mit deinem Tierarzt, bevor du Medikamente, einschließlich Flohbehandlungen, kaufst.

# Welpensicherung im Haus

*„Denke wie ein Welpe. Leg dich auf den Boden und schau, wo du hineingeraten könntest. Achte auf kleine Öffnungen, Stromkabel, gefährliche Stellen oder zerbrechliche Gegenstände. Räume sie weg oder sichere sie, damit dein Welpe nicht drankommt. Sei vorsichtig mit den Reinigungsmitteln, denn alles landet im Maul. Sorge dafür, dass alles, was erreichbar ist, sicher zum Spielen und Kauen ist."*

**Shona Malapelli**
*Malapelli's Minions Miniature Dachshunds*

*Foto: Mit Erlaubnis von Emily Badman*

Die Vorbereitung auf die Ankunft eines Welpen erfordert viel Zeit. Alle gefährlichen Räume und Gegenstände in deinem Zuhause sind für deinen Welpen genauso gefährlich wie für ein Baby. Der größte Unterschied ist, dass dein Dackel viel schneller mobil wird als ein Kind. Er kann sofort in gefährliche Situationen geraten, wenn du nicht alle Gefahren vor seiner Ankunft beseitigst.

Passe auf, dass Welpen praktisch alles fressen wollen. Nichts ist sicher – nicht einmal deine Möbel. Sie knabbern an Holz und Metall. Alles, was sie erreichen können, wird als Spielzeug betrachtet. Denke daran, wenn du dein Zuhause welpensicher machst.

## Gefahren im Haushalt und deren Lösungen

Dieser Abschnitt beschreibt die Bereiche in deinem Zuhause, auf die duachten musst. Im Falle von Problemen muss

für dich die Nummer deines Tierarztes am Kühlschrank und in mindestens einem weiteren Raum sichtbar sein. Wenn du dies vor der Ankunft deines Welpen erledigt hast, hast du die Nummer zur Hand. Auch wenn du die Nummer des Tierarztes in deinem Smartphone speicherst, könnte ein anderes Familienmitglied oder jemand, der sich um deinen Dackel kümmert, sie dennoch benötigen.

Dackel können in ihrer Höhe fast alles erreichen und erkunden gerne alles, wenn sie die Chance dazu haben. Da diese Rasse sehr intelligent ist, sollte man lieber überschätzen, was der Welpe schaffen kann, und sich entsprechend vorbereiten. Gehe auf Augenhöhe des Dackels durch die Zimmer. Du wirst fast sicher mindestens eine Sache entdecken, die du übersehen hast.

| Gefahren | Lösungen | Zeitschätzung |
|---|---|---|
| **Küche** | | |
| Giftige Stoffe | Bewahre sie in gesicherten, kindersicheren Schränken oder auf hohen Regalen auf. | 30 Min. |
| Mülleimer | Halte einen verschließbaren Mülleimer bereit oder bewahre ihn an einem sicheren Ort auf. | 10 Min. |
| Geräte | Achte darauf, dass alle Kabel außer Reichweite sind. | 15 Min. |

| Men-schennahrung | Halte es aus der Reichweite. | Gewohnheit entwickeln |
|---|---|---|
| **Böden** | | |
| Rutschige Oberflächen | Lege Teppiche oder spezielle Matten aus, die am Boden haften. | 30 Min. – 1 Std. |
| Trainingsbereich | Trainiere auf rutschfestem Untergrund. | Konstant |
| **Badezimmer** | | |
| Toilettenbürste | Verwende entweder eine mit Verriegelung oder bewahre sie außerhalb der Reichweite auf. | 5 Min./ Badezimmer |
| Giftige Stoffe | Bewahre sie in abschließbaren, kindersicheren Schränken oder auf hohen Regalen auf. | 15–30 Min./ Badezimmer |
| Toiletten | Halte sie geschlossen. Verwende keine automatischen Toilettenreinigungsmittel. | Konstant (fange an, es zur Gewohnheit zu machen) |
| Schränke | Halte sie mit kindersicheren Schlössern verschlossen. | 15 – 30 Min./ Badezimmer |
| **Waschküche** | | |
| Kleidung | Räume saubere und schmutzige Kleidung vom Boden weg und halte sie außer Reichweite. | 15–30 Min. |
| Giftige Stoffe (Bleichmittel, Waschmittelkapseln/-pulver, Trocknertücher und sonstige Giftstoffe) | Bewahre sie in gesicherten, kindersicheren Schränken oder auf hohen Regalen auf. | 15 Min. |
| **Rund ums Haus** | | |
| Pflanzen | Platziere sie nicht auf dem Boden. | 45 Min. – 1 Std |
| Mülltonnen | Die Mülltonne sollte abschließbar sein oder bewahre sie sie an einem sicheren Ort auf. | 30 Min. |

| | | |
|---|---|---|
| Elektrokabel, Jalousieschnüre | Verstecke sie oder platziere sie aus der Reichweite; achte besonders auf Unterhaltungs- und Computerbereiche. | 1,5 Stunden |
| Giftige Stoffe | Überprüfe, ob keine in Reichweite sind (WD40, Fenster-/Bildschirmreiniger, Teppichreiniger, Lufterfrischer); bewahre alle giftigen Stoffe an einem zentralen, verschlossenen Ort auf. | 1 Stunde |
| Fenster | Überprüfe, ob die Rolladenschnüre/Gardinenkordeln in allen Räumen außer Reichweite sind. | 1 – 2 Stunden |
| Kamine | Bewahre Reinigungsmittel und Werkzeuge so auf, dass der Welpe nicht drankommt. Den Kamin mit etwas abdecken, sodass der Welpe es nicht umwerfen kann. | 10 Min./Kamin |
| Treppen | Sperre sie ab, damit dein Welpe nicht versucht, hinauf- oder hinunterzusteigen; teste unbedingt alle Welpenschutzgitter. | 10–15 Min. |
| Couchtische/ Beistelltische/ Nachttische | Sie sollten frei von gefährlichen Gegenständen (z.B. Scheren, Nähzeug, Stifte) und Wertsachen sein. | 30 – 45 Min. |

Wenn du eine Katze hast, stelle das Katzenklo nicht auf den Boden. Es sollte an einem Ort sein, den deine Katze leicht erreichen kann, aber dein Dackel nicht. Da es darum geht, deiner Katze beizubringen, den neuen Bereich zu nutzen, solltest du dies gut vor der Ankunft des Welpen tun. Deine Katze sollte nicht zu viele Veränderungen auf einmal erleben. Der Welpe wird schon genug Unruhe bringen – wenn deine Katze die Veränderung mit dem Welpen in Verbindung bringt, könnte sie protestieren, indem sie das Katzenklo nicht benutzt.

## Gefahren im Freien und Lösungen

Dieser Abschnitt beschreibt, worauf du außerhalb deines Hauses vor der Ankunft des Welpen achten sollten. Hänge auch die Telefonnummer des Tierarztes in einem geschützten Bereich auf, falls es zu einem Notfall kommt.

| Gefahren | Lösungen | Zeitschätzung |
|---|---|---|
| **Garage** | | |
| Giftige Stoffe | Bewahre sie in verschlossenen, kindersicheren Schränken oder auf hohen Regalen auf (z.B. Autochemikalien, Reinigungsmittel, Farbe, Gartenpflege) – dazu gehört auch Dünger. | 1 Stunde |
| Mülltonnen | Bewahre sie an einem gesicherten Ort auf. | 5 Min. |
| Werkzeuge (z. B. Rasenmäher, Auto, Hardware, Elektrowerkzeuge) | Achte darauf, dass alle Kabel außer Reichweite sind: Halte sie fern und lasse sie nie über Kanten hängen. | 30 Min. – 1 Std. |
| Ausrüstung (z.B. Sport, Angeln) | Halte es außer Reichweite und lasse es niemals über den Rand von Flächen hängen. | Konstant (zur Gewohnheit machen) |
| Scharfe Werkzeuge | Bewahre es außer Reichweite auf und lasse es nie über die Tischkante hinausragen. | 30 Min. |
| Fahrräder | Bewahre sie einem Ort auf, der für den Dackel unzugänglich ist (um zu verhindern, dass der Hund die Reifen beißt). | 20 Min. |
| **Fechten (Kann gleichzeitig ausgeführt werden)** | | |
| Zaun reparieren | Beseitige alle Lücken im Zaun. Dackel sind Meister im Ausbüxen, deshalb musst du sicherstellen, dass sie nicht leicht aus deinem Garten entkommen können. | 30 Min. – 1 Stunde |

| Lücken | Fülle alle Lücken, auch wenn sie absichtlich sind, damit dein Dackel nicht entkommt. | 30 Min. – 1 Std. |
|---|---|---|
| Löcher/Vertiefungen am Boden | Fülle alle Bereiche, unter die der Dackel leicht kriechen kann. | 1 – 2 Stunden |
| **Garten** | | |
| Giftige Stoffe | Lasse keine giftigen Stoffe im Garten liegen. | 1 – 2 Stunden |
| Pflanzen | Stelle sicher, dass alle niedrigen Pflanzen für Hunde ungiftig sind; umzäune alles, was giftig ist (wie Weinreben). | 45 Min. – 1 Std. |
| Werkzeuge (z. B. Rasenpflege- und Gartengeräte) | Stelle sicher, dass sie außer Reichweite sind; Achte darauf, dass nichts über die Kanten der Gartentische hängt. | 30 Min. – 1 Stunde |

Lasse deinen Dackel niemals allein in der Garage, auch wenn er erwachsen ist. Wahrscheinlich wird dein Welpe in der Garage sein, wenn du Autofahrten unternimmst, daher ist es wichtig, die Garage welpensicher zu machen.

Dackel wurden zum Graben gezüchtet, daher solltest du darauf achten, dass es keine Stellen gibt, die bereits Löcher haben, wenn du nicht möchtest, dass dein Dackel sie vergrößert. Wenn du einen Zaun hast, solltest du ihn gründlich überprüfen, um sicherzustellen, dass nichts leicht ausgegraben werden kann.

Zaunkontrollen solltest du mindestens einmal im Monat einplanen. Dackel sind ausgezeichnete Gräber, daher musst

## Hilfreicher Tipp
### Stur?

Dackel sind Terrier-Rassen im Temperament ähnlich. Sie können stur und abwehrend sein. Beim Training deines Dackels solltest du die Befehle von einfach zu komplex aufbauen. Wiederholung von Lob und Missbilligung sind wichtig für erfolgreiches Training.

du überprüfen, ob dein Dackel Löcher gegraben hat. Deshalb solltest du ihn niemals unbeaufsichtigt draußen lassen. Begleite ihn Hund immer, wenn er nach draußen geht, sei es für das Geschäft oder zum Spielen, denn aus Langeweile könnte er graben. Du solltest nicht riskieren, dass er in den wenigen Minuten, in denen du ihn alleine draußen lässt, dir entkommt.

Genau wie drinnen solltest du draußen alles aus der Perspektive eines Welpen überprüfen. Gehe in die Hocke und schaue dir alle Bereiche an. Es könnte passieren, dass du mindestens eine übersehene Sache entdeckst.

# Die Wahl des richtigen Tierarztes

Schon bevor du einen Züchter auswählst, solltest du nach einem Tierarzt für deinen Dackel suchen. Der Tierarzt sollte feststehen, bevor du deinen Hund nach Hause bringst. Unabhängig davon, ob es sich um einen Welpen oder einen ausgewachsenen Hund handelt, bringe ihn innerhalb von 48 Stunden (besser noch innerhalb von 24 Stunden) nach der Ankunft zum Tierarzt, um sicherzustellen, dass er gesund ist. Wenn es in deiner Nähe einen Tierarzt gibt, der sich auf Dackel spezialisiert hat oder Erfahrung mit ihnen hat, wäre das ideal. Aufgrund des Charakters des Dackels ist es wichtig, einen Tierarzt zu haben, der weiß, wie man mit einem eigenwilligen Hund umgeht. Einen Termin bei einem Tierarzt, besonders einem Spezialisten, zu bekommen, kann ähnlich lange dauern wie einen beim Arzt. Sorge dafür, dass der Tierarzt und der erste Termin bereits vor der Ankunft deines Dackels feststeht.

**Hier sind einige Dinge, die du bei der Suche nach einem Tierarzt beachten solltest:**

- Wie gut kennt sich der Tierarzt mit Dackeln aus? Der Tierarzt muss kein Spezialist sein; Dackel sind eine sehr beliebte Rasse. Allerdings sollte der Tierarzt Erfahrung mit ihnen haben, da die Rasse einige gesundheitliche Probleme aufweist. Kenntnis der möglichen Probleme hilft, Symptome oder potenzielle Schwierigkeiten frühzeitig zu erkennen.

- Wie weit ist es von deinem Zuhause bis zum Tierarzt? Im Notfall sollte der Tierarzt nicht mehr als 30 Minuten entfernt sein.

- Ist der Tierarzt außerhalb der regulären Zeiten für Notfälle erreichbar, oder kann ein anderer Tierarzt im Notfall empfohlen werden?

- Gehört der Tierarzt zu einer lokalen Tierklinik, falls nötig, oder überweist der Arzt die Patienten an ein örtliches Tierkrankenhaus?

- Ist der Tierarzt der einzige oder Teil einer Gemeinschaftspraxis? Falls es eine Gemeinschaftspraxis ist, kann man bei den Besuchen immer denselben Tierarzt wählen?

- Wie werden Termine vereinbart?

- Kann man dort auch andere Dienstleistungen in Anspruch nehmen, wie z.B. Fellpflege und Unterbringung?

- Ist der Tierarzt akkreditiert?

- Wie hoch sind die Preise für den Erstbesuch und die normalen Kosten, zum Beispiel für Impfungen und regelmäßige Besuche?

- Welche Prüfungen und Kontrollen werden beim ersten Besuch durchgeführt?

Bevor du deinen Hund nach Hause bringst, solltest du dir Zeit nehmen, die in Betracht gezogene Tierarztpraxis zu besuchen, um dir einen Eindruck von der Umgebung zu verschaffen. Kläre ab, ob du mit dem Tierarzt sprechen kannst, um herauszufinden, ob er Zeit hat, um deine Fragen zu beantworten. Die Zeit eines Tierarztes ist wertvoll, aber er sollte ein paar Minuten haben, um dir zu zeigen, dass er die richtige Wahl ist, um deinen Hund zu betreuen.

## KAPITEL 6
# Einen Dackel nach Hause bringen

Das erste Mal, wenn dein Dackel durch die Tür spaziert, wird ein unvergessliches Erlebnis sein, an das du dich noch lange erinnern wirst. Dein süßer kleiner Welpe wird schnell ein Teil deines Zuhauses, und alles beginnt mit seiner Ankunft.

Auch wenn dieser Teil unvergesslich wird, gibt es vieles, woran du denken musst, damit dein Welpe lernt, wer das Sagen hat, und sich gleichzeitig in seinem neuen Zuhause wohlfühlt.

Foto: Mit Erlaubnis von
Traci Gratzek

Foto: Mit Erlaubnis von
Sophie Ford

Man weiß nie genau, wie ein Welpe oder erwachsener Hund reagieren wird, aber man kann davon ausgehen, dass bei ihm genauso viel Unsicherheit besteht wie bei einem selbst. Dank ihrer freundlichen Art und Neugier wirst du wahrscheinlich weniger Angst haben als bei anderen kleinen Rassen. Diese Neugier wird wahrscheinlich siegen, und dein Welpe wird alles erkunden wollen. Trotzdem musst du sicherstellen, dass dies in einer sicheren Umgebung geschieht – kein Herumlaufen im Haus, auch nicht bei einem erwachsenen Hund. Erwarte jedoch, dass ein erwachsener Hund etwas vorsichtiger ist, da du seine bisherigen Erfahrungen möglicherweise nicht kennst.

Lies unbedingt Kapitel 7, in dem erklärt wird, wie du deinen erwachsenen Hund in ein Zuhause mit mehreren Haustieren integrierst. Zwar sind Dackel normalerweise nicht aggressiv, aber dein neuer Hund könnte in der Vergangenheit schlechte Erfahrungen mit anderen Hunden gemacht haben. Nimm dir in den ersten Tagen Zeit und gehe es langsam an.

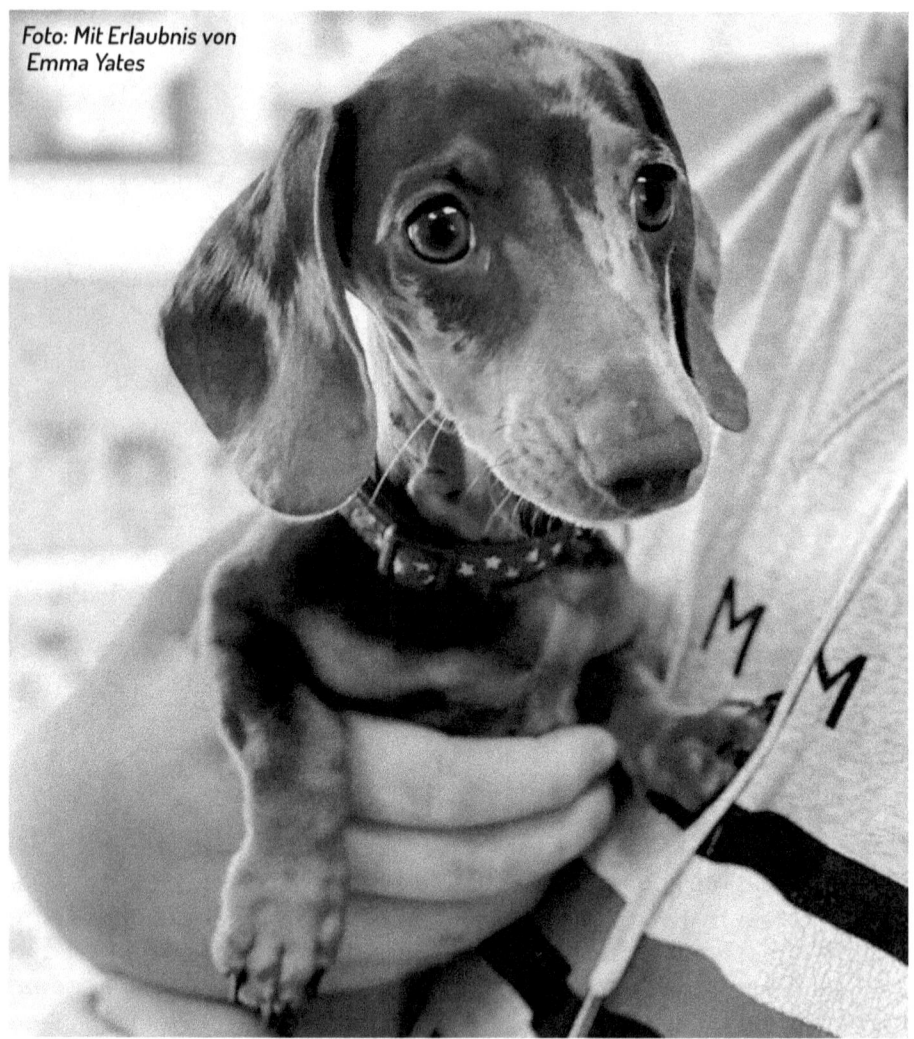

Foto: Mit Erlaubnis von Emma Yates

# Abschließende Vorbereitungen und Planungen

Die intelligentesten Hunderassen benötigen in der ersten Woche ständige Anwesenheit und so viel Zeit wie möglich im ersten Monat. Sie finden oft Wege, ihrem Gehege zu entkommen, daher sollte jemand zu Hause sein, um Fluchtversuche zu verhindern. Plane, Urlaub zu nehmen oder zumindest in den ersten 24 bis 48 Stunden von zu Hause aus zu arbeiten. Im Idealfall sind bist du in der ersten Woche oder es sind besser sogar zwei Personen zu Hause. Je mehr Zeit du deinem neuen kleinen Freund widmen kannst, um sich in den ersten Tagen an seine neue

Umgebung zu gewöhnen, desto besser für ihn. So fühlt sich dein Welpe schneller wohl in seinem neuen Zuhause.

## Sorge dafür, dass du Futter und andere Vorräte bereit hälst

Überprüfe schnell, ob du alles hast, was du brauchst. Wenn du eine Liste basierend auf den Grundausstattungen aus Kapitel 5 erstellt hast, sieh sie dir am Tag vor der Ankunft deines Dackels an und stelle sicher, dass alles vorhanden ist. Überlege auch kurz, ob dir noch etwas fehlt. So kannst du hoffentlich vermeiden, nach der Ankunft deines neuen Familienmitglieds noch schnell zusätzliche Dinge besorgen zu müssen.

## Einen vorläufigen Welpenplan erstellen

Erstelle einen vorläufigen Plan für die erste Woche, um den Einstieg zu erleichtern. Dein Tag wird bald sehr viele Aktivitäten enthalten, daher brauchst du einen Ausgangspunkt, bevor dein Welpe ankommt. Nutze die Informationen aus „Einen Zeitplan erstellen", aber mache das lieber früher als später. Die folgenden drei Bereiche sollten im Zeitplan deines Welpen festgelegt sein:

- Füttern

- Training (einschließlich Stubenreinheit)

- Spielen

Wenn du einen Welpen nach Hause bringst, rechne eher mit viel Lebensenergie. Allerdings brauchen Welpen jeder Rasse (egal wie aktiv sie später werden) viel Schlaf. Dein Welpe wird wahrscheinlich 18 bis 20 Stunden täglich schlafen. Ein vorhersehbarer Schlafrhythmus trägt dazu bei, dass dein Welpe gesund aufwächst.

Am Anfang musst du dir keine Sorgen machen, ob dein Welpe am Ende des Tages müde ist. Seine Ausdauer wird jedoch schnell zunehmen, und am Ende des ersten Jahres wird er viel aktiver sein. Eine der besten Eigenschaften der Rasse ist, dass sie ihre Energie gut an die jeweilige Situation anpassen können. Daher ist es nicht so schwer, deinen Dackel auszulasten wie einen Beagle oder Jack Russell Terrier. Dennoch solltest du darauf achten, dass er genügend Bewegung entsprechend seiner Kalorienzufuhr bekommt, da die Rasse zu Übergewicht neigt, was den Rükken stark belasten kann.

In den ersten Tagen wird sich der Tagesablauf deines Welpen hauptsächlich ums Schlafen und Fressen drehen, ergänzt durch Spaziergänge und soziale Kontakte. Während der Wachzeiten stehen Training und Spielen auf dem Programm.

### Letzte Sicherheitskontrolle vor der Ankunft des Welpen durchführen

Egal, wie beschäftigt du sind bist wie sorgfältig du die Checklisten zur Welpensicherung aus dem vorherigen Kapitel befolgt hast: du solltest dein Zuhause noch einmal inspizieren, bevor der Welpe ankommt. Nimm dir ein bis zwei Stunden dafür bzw. ein oder zwei Tage vor der Ankunft des Welpen Zeit.

### Erstes Treffen

Triff dich mit allen Familienmitgliedern, um sicherzustellen, dass alle in Kapitel 4 besprochenen Regeln verstanden werden, bevor der Welpe ablenkt. Dazu gehört auch, wie man mit dem Welpen umgeht. Bestimme, wer die Hauptverantwortung für die Pflege und das Haupttraining für den Welpen übernimmt. Um jüngeren Kindern Verantwortung beizubringen, kann ein Elternteil mit einem Kind zusammenarbeiten, um die Pflege des Welpen zu organisieren. Das Kind kann zum Beispiel dafür sorgen, dass der Wassernapf gefüllt bleibt und den Welpen füttern, während ein Elternteil die Aufgaben überwacht.

# Einen Welpen oder Hund abholen und die Heimfahrt

Die Abholung eines Welpen erfordert eine gute Planung und Vorbereitung, besonders wenn du ihn zum Züchter fährst. Wenn möglich, hole deinen Welpen am Wochenende oder zu Beginn eines Urlaubs ab, damit du entspannt Zeit mit ihm zu Hause verbringen kannst. Dieser Abschnitt behandelt die Vorbereitung und den eigentlichen Transport, aber nicht das Vorgehen bei der Einführung weiterer Hunde (Kapitel 8).

So verlockend es auch ist, mit deinem Welpen zu kuscheln, ist die Nutzung einer Transportbox für die Heimfahrt sowohl sicherer als auch angenehmer für den Welpen. Bei der ersten Fahrt sollten zwei Erwachsene dabei sein.

- Die Transportbox sollte zur Sicherheit im Auto befestigt und mit einem Kissen ausgestattet sein. Bei einer längeren Reise nimm Futter und Wasser mit und plane Pausen ein, um dem Welpen beides zu geben. Lasse es nicht in der Box, da es nicht gesichert ist und verschüttetes Wasser den Welpen erschrecken könnte. Du kannst den Boden der Box mit einem Handtuch oder einer Unterlage auslegen, falls ein Malheur passiert.

- Rufe den Züchter an, um zu bestätigen, dass alles noch nach Plan läuft und der Welpe für den Besuch vorbereitet wird.

- Falls noch nicht geschehen, frag, ob du die Mutter dazu bringen kannst, ihren Duft auf einer Decke zu hinterlassen, um dem Welpen den Übergang zu erleichtern.

- Stelle sicher, dass dein Partner daran denkt und pünktlich am Abholort ist.

- Wenn du andere Hunde hast, stelle sicher, dass alle Erwachsenen wissen, was zu tun ist, wann es losgeht und wohin sie für das erste Treffen auf neutral

Wenn du keine anderen Hunde hast, kannst du deinen Welpen abholen und direkt nach Hause fahren. Bei einer längeren Fahrt (mehr als ein paar Stunden) solltest du alle paar Stunden Pausen einplanen, damit dein Welpe sich strecken, bewegen, trinken und das Badezimmer benutzen kann. Lasse den Welpen niemals allein im Auto. Wenn du die Toilette benutzen musst, sollte mindestens ein Erwachsener während jeder Pause beim Welpen bleiben.

Frage den Züchter, ob der Welpe schon einmal im Auto war. Falls nicht, ist es besonders wichtig, dass jemand dem Welpen Aufmerksamkeit schenkt, während die andere Person fährt. Der Welpe wird zwar in der Transportbox sein, aber jemand kann trotzdem Trost spenden. Es wird sicher beängstigend sein, da der Welpe weder Mutter noch Ge-

*Foto: Mit Erlaubnis von Peyton Wilhelm*

schwister oder bekannte Personen um sich hat. Jemanden dabei zu haben, der mit dem Welpen spricht, wird die Fahrt für den Kleinen weniger stressig machen.

Jetzt ist der richtige Zeitpunkt, um deinem Welpen beizubringen, dass Autofahrten Spaß macht. Achte darauf, dass die Transportbox sicher befestigt ist. Der Welpe soll nicht allzu sehr beim Hin- und Herrutschen der Box erschrecken, während er hilflos drinnen sitzt.

Wenn du nach Hause kommst, bringe den Welpen oder Hund sofort nach draußen, damit er sein Geschäft erledigen kann. Auch wenn es unterwegs ein Missgeschick gab, ist jetzt der richtige Zeitpunkt, deinem neuen Familienmitglied beizubringen, wo es zur Toilette gehen soll.

# Der erste Tierarztbesuch und was dich erwartet

Ein Tierarztbesuch ist in den ersten ein bis zwei Tagen nach der Ankunft deines Welpen notwendig und möglicherweise im Vertrag mit dem Züchter vorgeschrieben. Du musst einen Gesundheitsstatus für den Welpen festlegen, damit der Tierarzt die Entwicklung verfolgen und sicherstellen kann, dass alles gut verläuft, während dein Dackel wächst. Die erste Untersuchung gibt dir mehr Informationen über deinen Welpen und die Möglichkeit, dem Tierarzt Fragen zu stellen und Ratschläge zu erhalten. Außerdem entsteht eine wichtige Verbindung zwischen deinem Dackel und dem Tierarzt.

Der erste Tierarztbesuch wird interessant und ganz anders als die folgenden Besuche sein. Dein Welpe weiß nicht, was ihn erwartet, da er noch nie bei diesem Tierarzt war. Versuche, seine Angst so gut wie möglich zu lindern. Dieser erste Besuch sollte eine positive Grundlage für alle zukünftigen Besuche schaffen.

Vor dem Tag des Termins gibt es einige Dinge, die du erledigen musst:

- Finde heraus, wie früh du ankommen musst, um den Papierkram für den neuen Patienten zu erledigen.

- Finden heraus, ob du auch eine Stuhlprobe zum ersten Termin mitbringen solltest. Falls ja, sammle es am Morgen des Termins und bringe es mit.

- Bringe die Unterlagen vom Züchter oder der Rettungsorganisation mit, damit der Tierarzt sie zu den Akten deines Hundes hinzufügen kann.

Nach der Ankunft möchte dein Welpe vielleicht die anderen Hunde und Menschen im Büro kennenlernen, was dich ermutigen kann, solange du einige Grundregeln beachtest. Schließlich ist dies eine Gelegenheit, die Sozialisation des Welpen zu fördern und ihm eine positive Erfahrung mit dem Tierarzt zu vermitteln. Sei jedoch vorsichtig. Frage immer den Besitzer, ob es in Ordnung ist, dass dein Welpe sein Tier trifft, und warte auf die Zustimmung, bevor du deinen Welpen zu anderen Tieren lassen. Haustiere in der Tierarztpraxis fühlen sich oft nicht wohl und sind daher möglicherweise nicht sehr freundlich. Du möchtest nämlich nicht, dass ein mürrischer älterer Hund oder ein krankes Tier deinen Welpen erschreckt oder beißt. Negative Erlebnisse kann dein Welpe sich merken, was den Tierarztbesuch unangenehm machen kann. Außerdem solltest du vermeiden, dass dein Welpe mit möglichen Krankheiten in Kontakt kommt, während er noch geimpft wird.

Beim ersten Besuch wird der Tierarzt eine erste Untersuchung deines Dackels durchführen. Eine der wichtigsten Aufgaben ist es, das Gewicht deines Welpen zu ermitteln. Das musst das ganze Leben des Hundes im Auge behalten, da diese Rasse zu Übergewicht neigt. Notiere das Gewicht, um das Wachstum zu verfolgen. Frage den Tierarzt nach einem gesunden Gewicht in jeder Wachstumsphase und notiere auch diese Angaben. Dackel wachsen im ersten Jahr sehr schnell, deshalb achte darauf, dass dein Hund nicht ungesund zunimmt.

Der Tierarzt wird den Termin für die nächsten Impfungen festlegen, die wahrscheinlich kurz nach der Ankunft deines Welpen stattfinden. Wenn es Zeit für die Impfungen ist, solltest du darauf vorbereitet sein, dass sich dein Welpe ein oder zwei Tage unwohl fühlen könnte.

# Boxen– und andere grundlegende Trainingsmethoden

Wie bereits erwähnt wurde, beginnt das Training, sobald du für deinen Dackel Verantwortung übernimmst. Da dein Hund stur sein kann, solltest du frühzeitig klarmachen, dass du das Sagen hast. Das hilft, der eigensinnigen Natur des Dackels entgegenzuwirken. Erwarte nicht, dass das Training das Verhalten komplett ändert, aber du kannst deinem neuen Welpen zumindest die Hierarchie verdeutlichen.

Welpen, die jünger als sechs Monate sind, sollten nicht stundenlang in der Box bleiben. Sie können ihre Blase nicht so lange halten, da-

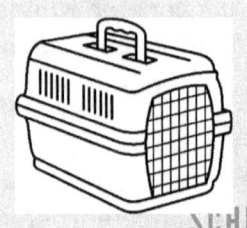

# 6

## SCHRITTE ZUM EINGEWÖHNEN IHRES WELPEN AN DIE HUNDEBOX

**1** **Lass deinen Dackel die Box beschnüffeln.**

Sprich mit Sprich mit ihm dabei in einer positiven, fröhlichen Stimme. Verbinde das erste Erlebnis in der Box mit Aufregung und positiven Gefühlen, damit dein Hund versteht, dass es ein guter Ort ist. Wenn du eine Decke von der Mutter des Welpen hast, lege sie in die Box, um zusätzlichen Komfort zu bieten.

**2** **Lass ein paar Leckerlis in die Kiste fallen.**

Wenn Ihr Hund zögert, in die Box zu gehen, zwingen Sie ihn keinesfalls dazu. Wenn er nicht ganz in diesen seltsamen kleinen Raum möchte, ist das völlig in Ordnung. Es muss seine eigene Entscheidung sein, damit es keine negative Erfahrung wird.

**3** **Füttern Sie Ihren Hund eine oder zwei Wochen lang im Käfig.**

Das wird dazu beitragDamitDas wird helfen, positive Gefühle mit der Kiste zu verbinden.

a.    Wenn sich Ihr Hund mit der Box wohlfühlt, stellen Sie das Futter ganz nach hinten in die Box.

b.    Falls nicht, stelle den Futternapf vorne hin und schiebe ihn mit der Zeit weiter nach hinten in die Kiste.

**4** **FANG AN, DIE TÜR ZU SCHLIESSEN**

Sobald Ihr Hund entspannt im Käfig frisst. Sobald das Futter weg ist, öffnen Sie den Käfig sofort.

**5** **LASS DIE TÜR ZU**

nach dem Fressen längere Zeit im Käfig lassen. Wenn Ihr Dackel anfängt zu winseln, war er zu lange eingesperrt.

**6** **Halten Sie Ihren Hund länger in der Box**

Sobald Ihr Hund keine Anzeichen voSobald Ihr Hund keine Anzeichen von Unbehagen mehr zeigt, wenn er im Käfig frisst, können Sie beginnen, einfach "Käfig" oder "Bett" zu sagen und ihn dann für die gute Arbeit zu loben.

her muss sichergestellt werden, dass sie einen Weg haben, um an einen geeigneten Ort zu gelangen, um sich zu erleichtern. Wenn du einen erwachsenen Hund hast, der nicht stubenrein ist, solltest du dieselben Regeln befolgen.

Achte darauf, dass die Tür so eingestellt ist, dass sie sich beim ersten Schnuppern nicht auf deinem Hund schließt. Dein Dackel sollte nicht von der Tür getroffen und erschreckt werden.

Wiederhole dies über mehrere Wochen, bis dein Hund sich in der Box wohlfühlt. Wenn du täglich mehrmals mit ihm übst, lernt dein Hund, dass alles in Ordnung ist und die Box keine Strafe darstellt. Zunächst machst du diese Übung, während du zu Hause bist oder kurz die Post holst. Sobald dein Welpe eine halbe Stunde ohne Jammern auskommt oder wenn du nicht im Raum bist, kannst du ihn alleine lassen, aber anfangs sollte dies nicht länger als eine Stunde sein.

Sobald dein Hund versteht, dass er dein Zuhause nicht zerstören soll, ist das Training mit der Hundebox abgeschlossen.

In den ersten Wochen liegt der Schwerpunkt darauf, das Stubenreinwerden zu beginnen und unerwünschtes Verhalten zu minimieren. Ein früher Trainingsstart ist entscheidend, aber bringe deinen neuen Welpen noch nicht in Kurse. Die meisten Welpen haben noch nicht alle notwendigen Impfungen, und gute Trainer lassen sie erst nach Abschluss der ersten Impfungen zu. Kapitel 10 und 12 bieten einen genaueren Einblick in die verschiedenen Trainingsarten, die du beginnen solltest, und sie erläutern, wie du nach den ersten Wochen fortfahren sollst.

# Erste Nachtängste

Die erste Nacht kann für deinen kleinen Dackelwelpen beängstigend sein. So verständlich das auch ist, es gibt nur begrenzt Trost, den du deinem neuen Familienmitglied geben kannst. Ähnlich wie bei einem Baby lehrst du deinem Welpen, dass negatives Verhalten den gewünschten Effekt hat, je mehr du auf Weinen und Wimmern reagierst. Du musst einen Mittelweg finden, um ihn zu beruhigen und sicherzustellen, dass alles in Ordnung ist, ohne dabei deinem Welpen beizubringen, dass Weinen Aufmerksamkeit bringt.

Richte für deinen Welpen einen Schlafbereich in deiner Nähe ein. Der Bereich sollte das Bett des Welpen sicher in einer Box enthalten. So hat er einen sicheren Rückzugsort und fühlt sich in der neuen Umge-

Foto: Mit Erlaubnis von
Ariel Bosin

bung wohler. Sperre den Bereich so ab, dass niemand hinein- oder der Welpe hinaus kann. Der Schlafplatz sollte in der Nähe sein, damit der Welpe sich nicht verlassen fühlt. Falls du eine Decke oder ein Kissen mit dem Geruch der Mutter hast, lege es in den Bereich des Welpen. Überlege, etwas weißes Rauschen hinzuzufügen, um unbekannte Geräusche zu überdecken, die dein Haustier erschrecken könnten.

Dein Welpe wird nachts Geräusche machen. Bringe ihn nicht weg, auch wenn das Wimmern dich wachhält. Gibst du nach, wird das Wimmern mit der Zeit lauter. Die Abwesenheit von Menschen wird den Welpen nur mehr ängstigen und seine Unsicherheit verstärken. Nachts jammert dein Welpe nicht, weil er zu lange in der Box ist; er hat Angst oder möchte Gesellschaft – wahrscheinlich war er noch nie allein in der Nacht, bevor er zu dir kam. Vermeide zukünftigen Ärger, indem du ihm beibringst, dass Wimmern nicht immer funktioniert, um aus der Box zu kommen. Mit der Zeit wird allein deine Nähe nachts ausreichen, um ihm zu zeigen, dass alles in Ordnung ist.

Welpen müssen alle zwei bis drei Stunden auf die Toilette, und du musst nachts aufstehen, um sicherzustellen, dass dein Welpe versteht, dass er entweder draußen oder auf das Welpenklo gehen soll. Wenn du es nachts schleifen lassen, wird es später schwierig sein, ihm beizubringen, dass er nicht im Haus sein Geschäft erledigen darf, besonders da Dackel ohnehin schwer stubenrein zu bekommen sind.

Dackel dürfen in der Regel nicht aufs Bett, da sie nicht von den Möbeln springen sollten. Wenn du deinem Hund trotzdem aufs Bett lassen willst, brauchst eine Rampe oder Treppe, und dein Hund muss lernen, sie zu benutzen. Warte, bis dein Hund stubenrein ist, bevor du ihn aufs Bett lässt. Es ist wichtig, dass sowohl die Stubenreinheit als auch das Treppen-/Rampentraining abgeschlossen sind. Am besten hältst du deinen Dackel ganz von den Möbeln fern, um Verletzungen zu vermeiden und die Möbel zu schonen.

## KAPITEL 7
# Der Mehrhaushalt mit Haustieren

*„Lasse deinen neuen Welpen nie allein mit deinem jetzigen Hund. Beaufsichtigtes Spielen ist ein Muss. Lass sie sich aneinander gewöhnen, aber sorge dafür, dass beide ein sicheres Umfeld haben. Welpen haben sehr scharfe Zähne und wissen vielleicht noch nicht, dass festes Beißen wehtut. Das kann dazu führen, dass das ältere Tier heftig reagiert."*

**Shona Malapelli**
*Malapelli's Minions Miniature Dachshunds*

Foto: Mit Erlaubnis von
Aaron and Minette McGeehon

Dackel haben ein sanftes, liebenswertes Wesen und gewöhnen sich leicht an die Familie. Welpen lassen sich meist leicht an neue Familienmitglieder gewöhnen, da sie einfach jeden lieben wollen. Erwachsene Dackel können je nach Vorgeschichte etwas schwieriger sein; wenn sie sozialisiert wurden, gibt es normalerweise keine Probleme. Wenn nicht, kann ihre Eingewöhnung zu Hause besonders spannend sein.

In vielen Fällen geht es bei der Vorstellung deines neuen Dackels mehr darum, wie deine anderen Hunde auf einen Neuzugang reagieren. Solange deine Hunde andere Hunde mögen, wird es sehr einfach, sie aneinander zu gewöhnen. Achte darauf, dass die Impfungen deines jetzigen Hundes auf dem neuesten Stand sind. Da es fast unmöglich ist, sie getrennt zu halten (dein Hund wird neugierig sein), solltest du sie einander vorstellen, bevor du den neuen Hund nach Hause bringst. Der beste Schutz für deinen Welpen ist, sicherzustellen, dass dein Hund geimpft ist und dass ein Gesundheitscheck schon erfolgte, bevor der neue Hund kommt. Auch wenn du einen erwachsenen Hund adoptierst, lass deinen Hund untersuchen, um sicherzustellen, dass alle deine Vierbeiner gesund sind.

Auch wenn alle beteiligten Hunde andere Hunde lieben, musst du denselben Prozess befolgen, um sie einander vorzustellen. Es geht darum, dass sich alle Hunde wohlfühlen und das geht nur, indem du eine entsprechende Umgebung für sie schaffst. Plane deshalb das erste Treffen nicht bei dir zu Hause, sondern an einem neutralen Ort, egal wie freundlich dein jetziger Hund auch sein mag. Nach der gemeinsamen Vorstellung wird es dir leichter fallen, deinen neuen Hund in die Familie zu integrieren.

Es gibt viele Vorteile, schon vorher einen Hund im Haus zu haben. Auch wenn du einen erwachsenen Hund mitbringst, kann dein jetziger Hund deinem neuen Dackel die Regeln beibringen. Wenn du einen Welpen nach Hause bringst, könnte dein jetziger Hund ein guter Mentor sein (abhängig von seiner Geduld mit Welpen). Ein weiterer Hund macht den Sozialisationsprozess einfacher, weil dein Dackel wahrscheinlich von deinem anderen Hund lernt, auf dich zu hören. Das funktioniert sogar in beide Rich-

---

## Interessant

### Kleiner Hund, große Persönlichkeit

Dackel können sich in einer Familie mit anderen Hunden gut einfügen, solange es kleinere Hunde sind. Beachte, dass Dackel besitzergreifend bei Spielzeug und Futter sein können, daher solltest du sie vorsichtig an andere Haustiere gewöhnen. Sei großzügig mit deiner Zuneigung zu allen Haustieren, damit dein Dackel nicht eifersüchtig und bissig wird.

tungen. Wenn dein Hund unerwünschte Verhaltensweisen hat, solltest du versuchen, diese vor der Ankunft des Welpen zu korrigieren – du möchtest nämlich nicht, dass dein Dackel schlechte Angewohnheiten übernimmt.

## Deinen neuen Welpen deinen anderen Haustieren vorstellen

Alle neuen Hunde solltest du deinem jetzigen Hund oder deinen Hunden in einer neutralen Umgebung vorstellen, also fernab von deinem Zuhause. Auch wenn du bisher keine Probleme mit deinem Hund hattest, wird sich seine Welt ändern. Wähle einen Park oder einen anderen öffentlichen Ort, wo dein Hund sich nicht territorial fühlt, und plane dort das Treffen mit dem Welpen. So haben die Tiere die Möglichkeit, sich kennenzulernen, bevor sie gemeinsam zu dir nach Hause kommen.

Beim Kennenlernen solltest du mindestens einen weiteren Erwachsenen dabeihaben, damit jede Fellnase betreut wird. Hast du mehr als einen Hund, sollte für jeden ein Erwachsener dabei sein. Das erleichtert die Kontrolle über alle Hunde. Selbst die besten Hunde können sehr aufgeregt werden, wenn sie einen Welpen treffen. Eine der anwesenden

Foto: Mit Erlaubnis von
Deborah Perez

Personen sollte diejenige sein, die zu Hause für die Tiere verantwortlich ist. Das hilft, die Rangordnung im Rudel zu klären.

Halte den Welpen nicht auf dem Arm, wenn sich die Hunde treffen. Auch wenn du ihn schützen und beruhigen willst, kann es das Gegenteil bewirken. Der Welpe fühlt sich wahrscheinlich eingesperrt und könnte nicht fliehen. Auf dem Boden hat er die Möglichkeit, sich zurückzuziehen, wenn nötig. Stehe in der Nähe des Welpen mit etwas Abstand zwischen den Füßen. So kann er sich bei Bedarf schnell hinter deinen Beinen verstecken.

Achte auf aufgestellte Rückenhaare bei deinem Hund. Der Welpe und jeder Hund sollten ein paar Minuten haben, um sich gegenseitig zu beschnuppern, wobei die Leine locker sein sollte. Das entspannt die Hunde, da sie sich nicht eingeengt fühlen. Dein Hund wird wahrscheinlich entweder spielen wollen oder es kann sein, dass er den Welpen ignoriert.

- Wenn sie spielen wollen, pass einfach auf, dass der Hund dem Welpen nicht aus Versehen wehtut.

- Wenn der Hund den Welpen nach einem ersten Beschnüffeln ignoriert, ist das auch in Ordnung.

Foto: Mit Erlaubnis von
Kayley Von Der Lieth

Wenn sich dein Hund unwohl fühlt oder seine Nackenhaare sich aufstellen, halte die beiden getrennt, bis dein Hund sich wohler fühlt. Erzwinge das Treffen nicht.

Die Vorstellung kann dauern, je nach Persönlichkeit deines Hundes. Je freundlicher und offener dein Hund ist, desto leichter wird es, den neuen Welpen einzugewöhnen. Manche Hunde brauchen eine Woche, um sich einzugewöhnen, andere benötigen ein paar Monate, bis sie den Welpen vollständig akzeptieren. Da dies eine neue Veränderung in deinem Haushalt darstellt, könnte dein Hund unzufrieden sein, ein energisches kleines Bündel in seinem Leben zu haben. Vor allem ein Hund, der an einen bestimmten Lebensstil gewöhnt ist. Je älter dein Hund, desto unwahrscheinlicher ist es, dass er den Welpen willkommen heißt. Ältere Hunde können genervt reagieren, wenn ein Welpe die Regeln nicht versteht. Ziel ist, dass sich der Welpe willkommen und sicher fühlt, während dein älterer Hund merkt, dass deine Liebe zu ihm ungebrochen ist.

Sobald dein neuer Familienzuwachs und der Rest der Hunde sich besser kennenlernen und wohlfühlen, kannst du nach Hause gehen. Beim Betreten des Hauses haben sie bereits etwas Vertrautheit, was deinen Hunden hilft, sich mit dem neuen Familienmitglied wohler zu fühlen.

Wenn du Zuhause angekommen bist, gehe mit den Hunden in den Garten und nimm die Leinen ab. Du brauchst für jeden Hund und für deinen Welpen, einen Erwachsenen. Wenn alles gut zu klappen scheint oder dein Hund dem Welpen gegenüber gleichgültig ist, lass deinen Hund rein, nimm den Welpen an die Leine und gehe mit ihm rein (nachdem du ihm gezeigt hast, wo er sein Geschäft erledigen soll).

Setze den Welpen in den Welpenbereich, wenn, das gemeinsame Vorstellungstreffen, beendet ist. Achte darauf, dass deine Hunde nicht in diesen Bereich können und der Welpe nicht heraus kann.

# Einen erwachsenen Hund anderen Tieren vorstellen

Du solltest die Vorstellung und die ersten Wochen vorsichtig angehen. Der schon erwachsene Dackel braucht anfangs seine eigenen Sachen und sollte in einem separaten Bereich bleiben, wenn du nicht da bist, damit sicher gestellt ist, dass es keine Kämpfe gibt. Wenn deine Hunde nicht viel Interesse daran haben, der Chef zu sein, und gerne wild zu spielen, wird dein neuer Dackel schneller ins Rudel passen.

Plane mindestens eine Stunde für das Vorstellungstreffen ein. Es wird wahrscheinlich nicht so lange dauern, aber du musst sicherstellen, dass sich alle Hunde wohlfühlen. Da alle Hunde erwachsen sind, müssen sie ihr eigenes Tempo nachgehen.

Befolge die gleichen Schritte, um deine jetzigen Hunde mit deinem neuen Hund bekannt zu machen, wie du es mit einem Welpen tun würdest.

- Beginne auf neutralem Boden.

- Habe beim Vorstellungstreffen für jeden Hund einen Erwachsenen dabei (das ist besonders wichtig, wenn du einen erwachsenen Hund vorstellst).

- Stelle einen Hund nach dem anderen vor – lasse nicht mehrere Hunde gleichzeitig deinen neuen Dackel kennenlernen. Wenn mehrere Hunde auf einmal in einer ungewohnten Umgebung mit unbekannten Menschen auf deinen Dackel zukommen, kannst du dir sicher vorstellen, wie stressig das für einen neuen Hund sein kann.

Anders als bei einem Welpen solltest du bei einem Treffen von zwei erwachsenen Hunden unbedingt Leckerlis dabeihaben. Die Hunde reagieren gut darauf, und du kannst sie schnell ablenken, falls sie zu angespannt werden.

Achte bei der Vorstellung darauf, ob der Dackel oder deine Hunde das Nackenfell aufstellen. Das ist ein deutliches Zeichen für Unbehagen.

Wenn der Dackel die Nackenhaare hebt, halte die Vorstellung kurz an. Rufe zuerst deinen Hund zurück und beginne, die Leckerlis zu zeigen. Vermeide es, an den Leinen zu ziehen, da dies zusätzlichen Stress erzeugen und einen Kampf zwischen den Hunden auslösen könnte. Zu Beginn sollten die Leckerlis alle Hunde ansprechen, und deine anderen Hunde sollten auf ihren Namen reagieren.

Falls einer der Hunde die Zähne fletscht oder knurrt, rufe deinen Hund zurück und lasse die Hunde sich beruhigen. Benutze Leckerlis und eine beruhigende Stimme, um sie zu entspannen. Es ist wichtig, dass sich alle Hunde beim ersten Treffen wohlfühlen, also zwinge keine Freundschaft. Wenn sie zunächst unsicher sind, lass ihnen Zeit, sich in ihrem eigenen Tempo anzunähern.

# Ältere Hunde und dein Dackel

Wenn dein jetziger Hund älter ist, bedenke, dass Welpen voller Energie sind und ständig versuchen werden, den älteren Hund zum Spielen zu animieren. Das kann für deinen älteren Hund ziemlich anstrengend sein. Achte darauf, dass dein älterer Hund nicht zu genervt von den Welpen wird, denn du möchtest nicht, dass dein Welpe lernt, andere Hunde anzuschnappen. Achte auf Anzeichen, dass dein älterer Hund etwas Ruhe, Zeit allein mit dir oder einfach eine Pause vom Welpen braucht.

Sobald dein Dackel bereit ist, den Welpenbereich endgültig zu verlassen, achte darauf, dass dein älterer Hund sichere Rückzugsorte hat, falls er mal keine Lust auf den quirligen Jungspund hat. Das verringert die Wahrscheinlichkeit, dass dein Welpe ständig ermahnt wird und dadurch älteren Hunden gegenüber vorsichtig wird.

Selbst wenn du einen erwachsenen Dackel adoptierst, kann er viel Energie haben und mit anderen Hunden spielen wollen. Das kann für ältere Hunde problematisch sein. Sorge dafür, dass die goldenen Jahre deines Hundes nicht durch einen neuen Hund getrübt werden, der Regeln hat, die für deinen älteren Hund keinen Sinn ergeben und auf eine Weise spielen möchte, die dein älterer Hund nicht kann.

Foto: Mit Erlaubnis von
Carolynn Hardcastle

# Aggression und Territorialverhalten bei Hunden

Dackel sind bekannt für ihr ruhiges, liebevolles und geselliges Wesen, aber sie können sehr aggressiv werden. Tatsächlich stehen sie oft auf der Liste der aggressivsten Hunde. Einige Besitzer berichten von Aggressionen schon im Alter von sechs Wochen. Es ist wichtig, dass du lernst, wie

Foto: Mit Erlaubnis von
Kristy L. Hamilton

du deinen Dackel richtig trainierst, sobald sich Aggression zeigt. Gewalt oder harte Worte verstärken nur die Aggression.

Ohne richtiges Training kann ein Hund seine Aggression an Fremden auslassen. Manche schlecht sozialisierten Dackel sind misstrauisch gegenüber Besuchern. Willst du nicht, dass dein Dackel bei Besuch isoliert werden muss, musst du lernen, ihn zu trainieren. Es ist nicht schwer, einen Dackel in den süßen kleinen Hund zu verwandeln, den alle lieben. Du musst nur konsequent und geduldig sein, um die freundliche Persönlichkeit deines Hundes hervorzubringen.

Wenn Leute zu Besuch kommen, musst du ihnen sagen, wie sie mit deinem Dackel umgehen sollen. Fühlt sich ein Dackel bedroht oder ängstlich, kann er aggressiv werden. Selbst wenn dein Dackel gut durchtrainiert ist, kann das Hochheben eine erschreckende Erfahrung für ihn sein. Sie sehen niedlich aus, aber das heißt nicht, dass sie angefasst werden wollen. Wegen ihres empfindlichen Rückens musst du darauf achten, wie Besucher mit deinem Hund umgehen.

Sie sind klein und freundlich, aber bei Angst oder Verletzung bellen oder beißen sie. Dass sie auf der Liste der aggressivsten Rassen stehen, liegt daran, dass sie nicht bedrohlich wirken. Angesichts ihrer Geschichte können Dackel dennoch sehr wild werden. Aggressiv bedeutet nicht tödlich, aber es kann gefährlich sein. Andere kleine aggressive Rassen sind Jack Russell Terrier und Chihuahuas.

Verwende keine Würgehalsbänder oder andere negative Mittel. Sie schaden deinem Hund und besonders Dackel reagieren schlecht auf negative Verstärkung, da sie eigenständig denken. Solche Methoden zeigen deinem Hund, dass du nicht weißt, was du tust. Was funktioniert, sind Belohnungen und das Entfernen aus negativen Situationen. Belohne gutes Verhalten, je öfter dein Hund das Gewünschte tut, desto öfter belohnst du ihn. Kapitel 12 erklärt, wie du deinen Dackel trainierst.

Zuhause musst du vorsichtig sein. Trotz seiner Größe gibt ein Dackel nicht nach; fühlt er sich herausgefordert oder wird ihm ein Spielzeug weggenommen, kann er aggressiv reagieren. Als junger Hund lässt sich solches Verhalten leichter abtrainieren; ältere Hunde brauchen mehr Überwachung und sollten nicht allein mit anderen Haustieren oder Kindern sein. Ein älterer Dackel muss lernen, Teil des Rudels zu sein und richtig auf Spielzeug zu reagieren. Deshalb ist es wichtig, stets konsequent zu sein.

Es gibt zwei Haupttypen von Aggressionen, auf die du bei deinem Hund achten solltest.

- Dominanzaggression tritt auf, wenn dein Hund Kontrolle über ein anderes Tier oder eine Person zeigen möchte. Diese Art von Aggression zeigt sich durch folgende Verhaltensweisen, wenn sich jemand den Sachen des Dackels (wie Spielzeug oder Futternapf) nähert:

  - Knurren

  - Knabbern

  - Schnappen

So verhält sich der Rudelführer, um andere im Rudel davor zu warnen, seine Sachen anzufassen. Wenn dein Dackel so reagiert, wenn du, ein Familienmitglied oder ein anderes Haustier seinen Sachen zu nahe kommt, musst du sofort eingreifen, ihn mit einem „Nein" korrigieren und ihn loben, wenn er aufhört. Du musst jedes Mal eingreifen, wenn dein Dackel sich so verhält.

Lass den Dackel nicht allein mit anderen Menschen, Hunden oder Tieren, solange er dieses Verhalten zeigt. Er wird Grenzen austesten, und wenn du nicht da bist, um einzugreifen, wird er wahrscheinlich versuchen, seine Dominanz zu zeigen.

Dein Ziel ist es, den Dackel so zu trainieren, dass er nicht aggressiv reagiert. Sobald du sicher bist, dass das Verhalten abgestellt ist, kannst du deinen Hund und den Dackel für kurze Zeiträume allein lassen, während du dich in einem anderen Raum in der Nähe aufhältst, aber es sollte außer Sicht sein. Mit der Zeit kannst du anfangen, deine Haustiere allein zu lassen, während du die Post holst oder Besorgungen machst. Schließlich wirst du in der Lage sein, deinen Dackel ohne Sorge mit anderen Hunden allein zu lassen, ohne dass er oder einer deiner anderen Hunde das Bedürfnis hat, Dominanz zu zeigen.

- Gut sozialisierte Rüden interessieren sich mehr für das Kennenlernen anderer Hunde. Nicht sozialisierte Rüden können aggressiv und dominant werden. Hündinnen sind meist berechenbarer, zurückhaltender und weniger aggressiv oder dominant, selbst wenn sie gut sozialisiert sind.

Dein Dackel muss lernen, dass das Zuhause nicht nur ihm gehört. Es ist für Menschen und die anderen Hunde da, und er ist ein Teil davon, nicht der Chef im Haus.

# Starker natürlicher Jagdtrieb

Dackel wurden dazu gezüchtet, kleinen Tieren in Löcher nachzujagen, daher überrascht es nicht, dass sie draußen sehr auf andere Tiere fixiert sein können. Ob Eichhörnchen, Streifenhörnchen oder Katzen – Dackel können sich schnell begeistern und Tiere verfolgen, die bei ihrem Bellen weglaufen. Zu Hause kommen sie meist gut mit anderen Tieren aus, draußen im Freien sind sie jedoch oft aufgeregter. Ihre lange Geschichte kann Spaziergänge erschweren, selbst wenn sie gut sozialisiert sind. Du musst nicht unbedingt befürchten, dass dein Hund dich umreißt, wenn er einem Eichhörnchen nachjagt, aber du solltest ihn darauf trainieren, sich weniger auf kleine Tiere zu konzentrieren. Du willst nicht, dass er die Leine zerreißt oder aus dem Halsband schlüpft und wegläuft. Dackel können schneller rennen, als man denkt.

Sei auch bei der Vorstellung vorsichtig mit Katzen, da eine fliehende Katze für den Dackel ein Signal zum Spielen sein kann. Es geht nicht darum, die Katze zu fangen, sondern um den Spaß, was der Katze jedoch nicht gefällt. Welpen lassen sich leichter an Katzen gewöhnen, weil ihre kurzen Beine sie am Rennen hindern. Plane, deinen Dackelwelpen lange vor dem freien Herumlaufen im Haus an die Katze zu gewöhnen. Sei immer dabei, um das Verhalten des Welpen zu korrigieren.

Wahrscheinlich wird der Jagdtrieb bei deinen jetzigen Haustieren kein Problem sein, aber sei vorsichtig mit deinem Dackel und Nagetieren oder kleineren Tieren. Halte Käfige für Nagetiere außer Reichweite und fern von allem, worauf dein Hund klettern könnte. Probleme treten selten auf, aber sie sind nicht vermeidbar. Kleine Tiere sollten in Bereichen bleiben, wo dein Dackel nicht hinkommt. Kaninchen, Frettchen und andere Haustiere sind meist nicht trainierbar. Die meisten kleinen Tiere lernen nicht, nicht wegzulaufen, was dein Welpe als Einladung zum Spielen sehen könnte. Da kleinere Tiere meist in Käfigen gehalten werden, sind sie für deinen Dackel weniger interessant. Draußen musst du wegen des natürlichen Jagdtriebs deines Dackels vorsichtiger sein. Lasse ihn nicht ohne Leine laufen, wenn es keinen Zaun gibt. Selbst mit Zaun musst du deinen Hund im Auge behalten. Wenn ein kleines Tier seine Aufmerksamkeit gewinnt, wird er versuchen, es zu fangen.

## SCHRITTE FÜR EINEN FRIEDLICHEN ESSVORGANG

**1 GLEICHZEITIGE, ABER GETRENNTE FÜTTERUNGEN**

Füttere deinen Dackel zur gleichen Zeit wie die anderen Hunde, aber in einem anderen Raum. So kann dein Dackel ungestört fressen, ohne Angst zu haben, dass die anderen Hunde sein Futter klauen. Achte darauf, dass du deinen Dackel immer im selben Raum fütterst, während die anderen Hunde in ihrem gewohnten Raum fressen.

**2 ERLAUBE KEIN TEILEN VON ESSEN**

Halte deinen Dackel und andere Hunde in ihren Bereichen, bis sie ihr Futter aufgefressen haben. Manche Hunde neigen dazu, Futter im Napf zu lassen. Lass das nicht zu. Sie müssen alles im Napf aufessen, da alle Futternäpfe sofort entfernt werden, sobald die Hunde fertig sind.

**3 BLEIB IN DER NÄHE, ABER LENK NICHT AB**

Achte darauf, dass immer jemand in der Nähe deines Dackels ist, damit er lernt, nicht zu knurren, wenn Leute in der Nähe des Napfes sind. Das hilft, Stress zu reduzieren, wenn andere Hunde beim Futter sind. Zeigt dein Hund Aggression, korrigiere ihn sofort mit einem „Nein" und lobe ihn, wenn er aufhört. Spiel nicht mit dem Futternapf und sorge dafür, dass die Kinder das auch nicht tun. Dein Hund muss wissen, dass niemand versucht, ihm sein Futter zu stehlen.

**4 BEWEGE DIE HUNDE LANGSAM NÄHER**

Bringe die Hunde über ein paar Wochen hinweg näher zusammen. Zum Beispiel kannst du deinen aktuellen Hund auf der einen Seite der Tür in der Nähe des Eingangs füttern und den Dackel auf der gegenüberliegenden Seite in der Nähe des Eingangs.

**5 ENDLICH IM GLEICHEN RAUM FÜTTERN**

Nach ein oder zwei Monaten kannst du die Hunde im selben Raum füttern, aber mit etwas Abstand dazwischen. Wenn dein Dackel anfängt, Schutzverhalten zu zeigen, korrigiere ihn und lobe ihn, sobald er damit aufhört.

# Fütterungsmethoden

Dein Dackelwelpe wird am Anfang im Welpenbereich gefüttert, sodass die Mahlzeiten kein Problem sein sollten. Wenn du anfängst, den Welpen mit den anderen Hunden zu füttern, kannst du einige Tipps nutzen, um territoriales Verhalten zu reduzieren.

Schließlich kannst du die Hunde näher beieinander füttern lassen. Das kann Wochen bis Monate dauern, je nach Alter des Dackels, wenn er zu dir kommt. Ein Welpe braucht weniger Zeit, da er früh sozialisiert wird und weniger misstrauisch ist. Das bedeutet nicht, dass er kein territoriales Verhalten zeigt, aber er wird sich wahrscheinlich schneller wohlfühlen, wenn er in der Nähe des Rudels frisst.

Bei erwachsenen Hunden kann es länger dauern, und du solltest nichts überstürzen. Dein Hund wird lernen, sich beim Fressen wohlzufühlen, bevor du Änderungen machst, auch wenn sie klein sind. Hunde jeder Rasse können ihr Futter verteidigen, je nach Erfahrung; bei Rassen wie dem Dackel, die auf Schutz ausgerichtet sind, verstärkt sich das. Dein Dackel muss sicher sein, dass dieses Schutzverhalten nicht nötig ist, bevor er ohne Probleme frisst. Deshalb ist es wichtig, ihm die nötige Zeit zu geben, damit er Vertrauen und Komfort in seinem eigenen Tempo entwickeln kann.

## KAPITEL 8
# Die Anfangszeit

*„Sobald alle Welpenimpfungen abgeschlossen sind, gehe mit ihnen raus. Triff Menschen, triff andere Hunde. Welpenkurse sind ein super Start. Zuhause lade oft Leute ein, damit sie sich daran gewöhnen, dass andere in deinem Zuhause willkommen sind.“*

**Kim Gillet**
*Cameo Dachshunds*

Foto: Mit Erlaubnis von Kimberley Kruse

Schlafen wird den Großteil der ersten Woche deines Dackelwelpen ausmachen. Die restliche Zeit wird er entweder aufgeregt oder nervös sein. Sobald dein Welpe merkt, dass dein Zuhause sicher ist, zeigt sich seine Persönlichkeit, und dann wird es spannend. Die Intelligenz eines Dackels zeigt sich oft als Neugier, was bedeutet, dass du ein Auge auf deinen Welpen haben musst.

Zu diesem Zeitpunkt solltest du mit der Sozialisation beginnen (sobald die Impfungen abgeschlossen sind) und mit dem Training starten. Wenn der Züchter bereits mit der Stubenreinheit begonnen hat, solltest du seine Methode weiter durchführen, sobald dein Welpe zu Hause ist. Es wird ohnehin eine Herausforderung – erleichtere es dir und deinem Hund, indem du den bestehenden Schwung beibehältst.

Die Bindung, die du in der ersten Woche aufbaust, wird sich im ersten Monat weiterentwickeln. Am Ende des Monats sollte dein Welpe die Nacht durchschlafen und ein gutes Verständnis dafür haben, wo er sein Geschäft verrichten soll. Du wirst auch einen guten Einblick in den Charakter deines Hundes bekommen, was es einfacher macht, ihn in Momenten der Unsicherheit zu beruhigen.

Im ersten Monat solltest du besonders auf die Persönlichkeit deines Welpen achten. Bei einem Dackel merkst du wahrscheinlich, dass er eine Lieblingsperson wählt. Das bedeutet nicht, dass er den Rest der Familie nicht liebt, aber er fühlt sich bei einer Person besonders wohl. Nimm es nicht persönlich, wenn du nicht die Lieblingsperson bist. Diese Person muss das Training ernst nehmen und mehr Verantwortung übernehmen. Das entlässt den Rest der Familie nicht aus der Pflicht, sich um den Hund zu kümmern. Nur weil er eine Lieblingsperson hat, heißt das nicht, dass er die Familie nicht liebt. Er wird wahrscheinlich wollen, dass alle zusammen sind, besonders beim Spaziergang oder Spielen.

Wie bei allen intelligenten Rassen ist beim Training die Konsistenz entscheidend; das gilt für alle, nicht nur für die Lieblingsperson. Nutze das Wissen über die Persönlichkeit deines Welpen, um gutes Verhalten zu fördern.

# Regeln festlegen und einhalten

Dein Welpe muss die Regeln verstehen und wissen, dass du und deine Familie sie ernst nehmen. Dackel analysieren oft die Situation. Daher ist es wichtig, dass du und dein Hund konsequent bleiben. Sobald dein

*Foto: Mit Erlaubnis von Roy Jordan*

Hund lernt, auf dich zu hören, wird es einfacher, ihm Tricks beizubringen, weil er Spaß mit seinen Menschen haben möchte. Er wird dir auch eher gehorchen, wenn er die Hierarchie im Zuhause versteht. Egal wie niedlich Dackel mit ihren großen Augen und Schlappohren sind, du musst ihnen deutlich machen, wer der Chef ist – in einem deutlichen, aber nicht bedrohlichen Ton.

## Regeln gegen Springen und Beißen festlegen

Wenn sie nicht richtig trainiert werden, beißen Dackel Kinder, wenn sie Angst haben. Es liegt an dir, deinem Hund beizubringen, wie man richtig spielt, also ohne auf Menschen zu springen oder zu schnappen. Aufgrund ihrer Instinkte und Zahnprobleme ist es auch besser, auf Zerrspiele zu verzichten. Spiele, die Beißen oder Schnappen beinhalten, sollten immer vermieden werden.

Du solltest deinem Dackel auch beibringen, nicht zu springen, um mögliche Rückenverletzungen zu vermeiden. Dieses Training beginnt in der ersten Woche nach ihrer Ankunft.

### Knabbern

- Einer der Auslöser für Beißen ist Überstimulation; das kann ein Zeichen dafür sein, dass dein Welpe zu müde ist, um weiterzuspielen oder zu trainieren, und du ihn ins Bett bringen solltest.

- Ein weiterer Auslöser könnte sein, dass dein Hund zu viel Energie hat. Wenn dies der Fall ist, nimm deinen Welpen mit nach draußen, damit er etwas von seiner überschüssigen Energie abbauen kann. Achte dabei jedoch darauf, den Welpen nicht zu überfordern.

Du musst wachsam sein und deinem Welpen sofort klarmachen, dass Beißen nicht akzeptabel ist. Einige empfehlen, eine Wasserflasche zu benutzen und den Welpen zu besprühen, während du „Nein" sagst, wenn er beißt. Das ist einer der wenigen Situationen, in denen Strafen wirksam sein können, aber achte darauf, dass dein Hund es nicht mit etwas anderem als dem Beißen verknüpft.

## Hilfreicher Tipp
### Reisen

Einige Hundebesitzer verwenden Medikamente für ihren Hund auf Reisen. Die Bundestierärztekammer (BTK) rät zur Vorsicht bei der Verwendung von Beruhigungsmitteln für dein Tier. Manche Sedativa können zu Atem- oder Herzproblemen führen. Hole dir Rat von deinem Tierarzt bezüglich sicherer Methoden, mit deinem Dackel zu reisen.

Sage deinem Welpen immer deutlich „Nein", wenn er beißt, auch beim Spielen. Ziehe deine Hand weg und sag laut „Aua!", um ihm zu zeigen, dass seine Zähne wehtun. Das hilft, die Idee zu verankern, dass Beißen schlecht ist und nie belohnt wird.

Foto: Mit Erlaubnis von Karen Mayr

**Kauen**

Alle Welpen kauen, um den Schmerz des Zahnens zu lindern. Kauen kann zu einem teuren Problem werden, aber es ist bei dieser Rasse recht häufig. Egal, ob er an deinen Möbeln, Utensilien oder Kleidungsstücken kaut, du solltest dieses Verhalten so schnell wie möglich unterbinden.

- Stelle sicher, dass du Spielzeug für deinen Dackel hast (egal ob erwachsen oder Welpe), damit du ihm beibringen kannst, welche Dinge zum Kauen geeignet sind. Viele verfügbare Spielsachen und das regelmäßige Austauschen dieser Spielsachen bieten deinem Welpen oder Hund eine Vielzahl von Optionen.

- Wenn dein Welpe zahnt, lege ein paar Spielzeuge in den Kühlschrank, damit sie kalt sind, oder gib deinem Welpen gefrorene Karotten. Die Kälte hilft, den Schmerz zu lindern.

- Spielzeuge aus Hartgummi oder hartem Nylon sind ideal, besonders Kongs mit Trockenfutter. Du kannst sie auch mit Wasser füllen und einfrieren, das gibt deinem Welpen etwas Kühles zur Schmerzlinderung beim Zahnen.

Im Allgemeinen hilft es, deinen Hund im Auge zu behalten, wenn er sich nicht in seinem vorgesehenen Bereich aufhält. So kannst du schnell erkennen, wenn er an etwas kaut, was er nicht sollte. In diesem Fall sage deutlich "Nein". Falls dein Hund weiterkaut, bringe ihn zurück in seinen Bereich. Achte darauf, dass er dort genug Spielzeug zum Kauen hat.

Wenn du Kauschutzmittel wie bittere Sprays verwenden möchtest, sei dir bewusst, dass manche Hunde den schlechten Geschmack ignorieren und trotzdem weiterhin kauen. Trage diese Mittel nicht auf und lasse deinen Hund dann allein, in der Erwartung, dass er einfach aufhört zu kauen. Beobachte seine Reaktion, bevor du glaubst, die schlechte Angewohnheit sei überwunden. Da Dackel für Trennungsangst bekannt sind, ist es wichtig, das Kauproblem schnell zu lösen, damit dein Hund sich frei in deinem Zuhause bewegen kann. Doch ekelhafte Geschmäcker auf Gegenständen sind oft weniger abschreckend, als man denkt. Es ist besser, ihm das Kauen abzugewöhnen, als deine Sachen einzusprühen zu müssen.

**Springen**

Hunde springen normalerweise auf Menschen, wenn sie sie zum ersten Mal begrüßen. Befolge die folgenden Schritte, wenn du Besuch hast (und wenn du jemanden findest, der helfen möchte, wird das Training umso einfacher).

# Belohnungsbasierte Erziehung vs. Disziplinbasierte Erziehung

Andere Kapitel beschreiben die verschiedenen Aspekte des Trai-

**6**

**HRITTE ZUR VERMEIDUNG VON ANSPRINGEN VON BESUCHERN**

**1 LEINE DEM HUND ANLEGEN**
Wenn jemand an die Tür klopft oder die Klingel betätigt. Der Besuch einer anderen Person wird die meisten Hunde, besonders Welpen, stets aufgeregt machen.

**2 LASS DIE PERSON REIN**
aber nähere dich der Person mit dem Welpen nicht, bis er sich beruhigt.

**3 BESTÄRKE GUTES VERHALTEN MIT LOB**
wenn der Welpe alle vier Pfoten auf dem Boden hält. Geh erst zum Besucher, wenn dein Dackel ruhig ist.

**4 IGNORIERE FALSCHES VERHALTEN**
Dreh dich weg und ignoriere ihn, wenn der Welpe hochspringt, ohne ihn verbal zu korrigieren. Ignoriert zu werden wirkt viel abschreckender als alle Worte, die du sagen könntest.

**5 NUTZE ABLENKUNGEN, UM SIE ZU BERUHIGEN**
Gib deinem Hund etwas zum Festhalten, um ihn zu beruhigen. Ein Kuscheltier oder Ball kann helfen, selbst wenn er es fallen lässt.

**6 GEH IN DIE HOCKE UND STREICHEL DEINEN HUND**
Wenn sich jemand auf seiner Höhe befindet, fühlt er sich einbezogen. So kann er auch dein Gesicht beschnüffeln, was zu einer ordentlichen Begrüßung gehört. Wenn dein Besucher mitmacht, kann diese klare Anerkennung das Hochspringen verhindern, da die Person bereits auf Augenhöhe mit deinem Hund ist.

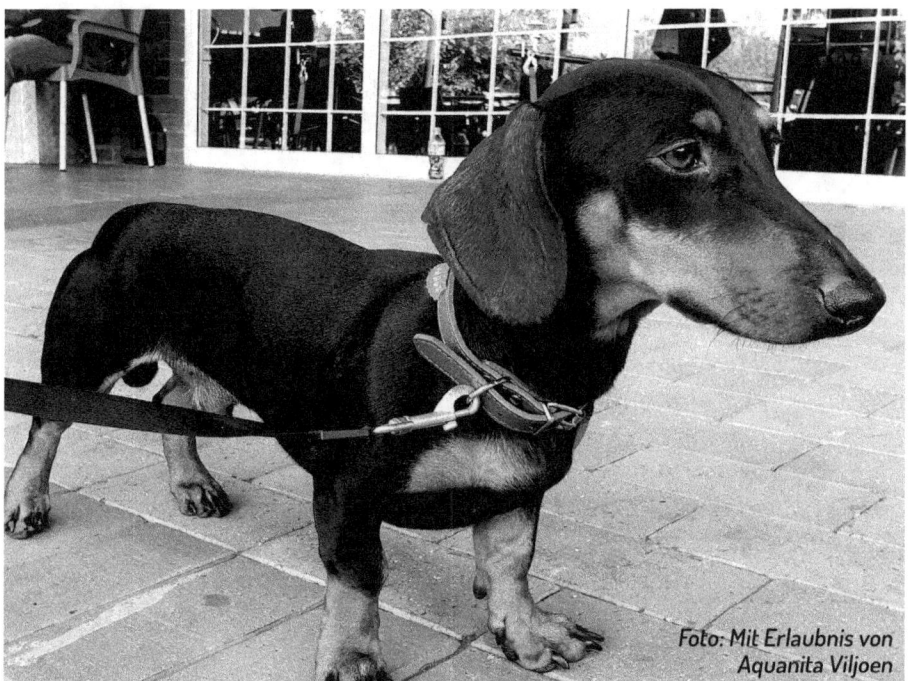

Foto: Mit Erlaubnis von
Aquanita Viljoen

nings, aber es ist wichtig zu bedenken, wie viel effizienter Belohnungen im Vergleich zu Strafen sind, besonders bei einer intelligenten Rasse wie dem Dackel. Das wird eine besondere Herausforderung, da Welpen oft lebhaft und leicht ablenkbar sind. Denke daran, dass dein Welpe jung ist, also bewahre Geduld und schätze ein, wann du eine Trainingspause einlegen solltest.

Einige wichtige Punkte, mit denen du im ersten Monat beginnen solltest:

- Stubenreinheit (Kapitel 9)

- Boxentraining (Kapitel 6)

- Bellen (Kapitel 11)

Finde heraus, wie viel der Züchter in Bezug auf Stubenreinheit und andere Bereiche schon an Fortschritten gemacht hat. Die besten Züchter bringen den Welpen vielleicht sogar ein oder zwei Befehle bei, bevor sie mit dir nach Hause kommen. Falls das der Fall ist, nutze diese Befehle weiter, damit das frühe Training nicht verloren geht. So kannst du den richtigen Tonfall entwickeln, da der Welpe bereits weiß, was die Worte bedeuten und wie er darauf reagieren soll. Sobald er das versteht, wird er schneller lernen, dass dieser Tonfall dein Trainingsmodus ist. Es ist eine großartige Möglichkeit, deinem kleinen Liebling zu zeigen, wann du es ernst meinst und wann du spielen möchtest. Solche Unterschiede nimmt ein Dackel schnell wahr, und in diesem Fall wird er gerne mitmachen.

# Trennungsangst bei Hunden und Welpen

*„Angst ist bei Dackeln manchmal üblich. Hunde sind Rudeltiere und möchten bei ihrem Rudel sein. Wenn du das bei deinem neuen Welpen bemerkst, beginne damit, in Sichtweite des Hundes zu sitzen und vergrößere dann die Entfernung nach und nach. Gehe dann für kurze Zeit aus dem Blickfeld und komme zurück, bevor er unruhig wird. Verlängere die Zeit mit jeder Übung.“*

**Mary Lee Wood**
*Zoey's Doxies*

Dackel sind keine Hunde, die gut allein zurechtkommen. Zwischen Trennungsangst und ihrer Intelligenz können sie trotz ihrer geringen Größe viel Schaden anrichten. Du solltest deinem neuen Hund beibringen, dass alles in Ordnung ist, auch wenn du ihn für einige Stunden allein lassen musst. Es kann sein, dass dein Hund vor dem Verlassen des Hauses müde sein sollte, und hier gibt es mehrere Möglichkeiten, deinen Welpen oder Hund auf längere Abwesenheiten vorzubereiten.

Zu Beginn solltest du die Zeit, in der der Welpe allein ist, auf ein Minimum beschränken. Die Geräusche von Menschen im Haus helfen deinem Dackel zu verstehen, dass die Trennung nicht lange dauert. Nach der ersten Woche kannst du für ein paar Minuten das Haus verlassen, um die Post zu holen, während der Welpe drinnen bleibt. Danach kannst du die Dauer deiner Abwesenheit über einige Tage hinweg verlängern, bis der Welpe etwa 30 Minuten alleine bleiben kann.

**Hier sind einige grundlegende Richtlinien, wenn du deinen Welpen zum ersten Mal allein lässt:**

- Bring den Welpen etwa 30 Minuten bevor du gehst nach draußen.

- Sorge dafür, dass der Welpe durch Bewegung oder Spielzeit ausgelastet ist, damit deine Abwesenheit kein großes Ereignis für ihn wird.

- Setze das Welpen in den Welpenbereich, bevor du gehst, damit er den Ort nicht mit etwas Negativem verbindet.

- Gib deinem Welpen keine extra Aufmerksamkeit, kurz bevor du gehst, da das die Idee verstärkt, dass du vor etwas Schlechtem Aufmerksamkeit schenkst.

- Vermeide es, deinen Dackel für schlechtes Verhalten zu tadeln, wenn es bei deiner Abwesenheit passiert. Tadel lehrt ihn, gestresster zu sein, weil es so wirkt, als kämst du wütend nach Hause.

Wenn dein Dackel Anzeichen von Trennungsangst zeigt, gibt es einige Dinge, die du tun kannst, um ihm während deiner Abwesenheit ein gutes Gefühl zu geben.

- Kauspielzeug kann zum Kauen als Ablenkung gegeben werden, während du weg bist.

- Eine Decke oder ein Shirt, das nach dir oder anderen Familienmitgliedern riecht, kann ebenfalls Trost spenden. Wenn du das Kleidungsstück getragen hast und es nicht sehr schmutzig ist, ist das ideal. Achte nur darauf, dass du an dem Tag, an dem du es getragen hast, nicht mit Chemikalien in Kontakt gekommen bist. Du solltest auch sicherstellen, dass dein Hund den Gegenstand nicht frisst, wenn du nicht da bist. Gib ihm am besten etwas, von dem du weißt, dass du es nicht mehr tragen wirst, falls er es in Stücke reißt.

- Lasse den Bereich gut beleuchtet, auch tagsüber. Falls du später nach Hause kommst als geplant, soll dein Kleiner nicht im Dunkeln sein.

- Schalte ein Radio ein (klassische Musik ist am besten) oder den Fernseher (ruhige Sendungen ohne laute Geräusche, wie „Derrick" oder „Der Landarzt", eignen sich am besten), damit das Haus nicht komplett still ist und unbekannte Geräusche weniger auffallen.

Dein Dackel wird schnell merken, welche Verhaltensweisen darauf hindeuten, dass du gehst. Das Greifen nach Schlüsseln, Geldbörse und anderen Dingen werden schnell zu Auslösern, die deinen Dackel ängstlich machen können, weil er schnell versteht, was diese Handlungen bedeuten. Mach keinen großen Aufstand daraus. Wenn du dich normal ver-

Foto: Mit Erlaubnis von
Gary and Jennifer Giller

hältst, wird dein Kleiner mit der Zeit verstehen, dass es in Ordnung ist, wenn du gehst, und dass alles gut wird.

## Wie lange darf ein Dackel alleine zu Hause bleiben?

Du solltest deinen Hund nicht länger als acht Stunden allein zu Hause lassen. Zwischen vier und acht Stunden geht es wahrscheinlich noch gut, aber länger sollte es nicht sein, da Probleme auftreten könnten. Diese Rasse ist nicht ideal, wenn du regelmäßig lange arbeitest oder selten jemand zu Hause ist.

Häufig muss der Hund anfangs in einer Box sein, was bedeutet, dass er während deiner Abwesenheit die ganze Zeit eingesperrt ist und dies kann zum Problem werden. Anfangs sollte diese Zeit sehr kurz sein. Sobald dein Hund stubenrein und vertrauenswürdiger ist, solltest du darauf hinarbeiten, dass er aus der Box darf, damit es sich nicht wie eine Strafe für ihn anfühlt. Dein Begleiter wird nicht gut damit klarkommen, stundenlang in einer Box eingesperrt zu sein. Finde gute mentale Spiele oder Beschäftigungen, damit dein Dackel nicht destruktiv wird, während du weg bist. Deshalb ist es wichtig, dein Zuhause gut vorzubereiten, bevor dein Hund ankommt, und das gilt besonders für erwachsene Dackel. Sobald dein Hund boxentrainiert ist und du versuchst, ihn länger allein zu lassen, solltest du darauf achten, destruktive Neigungen so gut wie möglich in den Griff zu bekommen.

## Überfordere ihn nicht, weder körperlich noch geistig

*„Spazierengehen ist immer eine gute Übung für alle Dackel. Ein Welpe sollte langsam anfangen und nur etwa 10 Minuten laufen, da seine Muskeln und Knochen noch nicht vollständig entwickelt sind. Mit sechs Monaten kann er etwa 30 Minuten gehen. Und mit einem Jahr benötigt er täglich etwa eine Stunde Spaziergang."*

**Mary Lee Wood**
*Zoey's Doxies*

Foto: Mit Erlaubnis von Jessica Kyei-Yamoah

Ein müder Welpe ist wie ein müdes Kleinkind; du musst darauf achten, dass der Kleine sich nicht überanstrengt. Achte darauf, die wachsenden Knochen deines Welpen nicht zu schädigen. Dein Welpe denkt vielleicht, Schlaf sei unnötig, egal wie müde er ist. Du musst die Zeichen erkennen, wann es Zeit ist, alle Aktivitäten zu beenden und den Welpen schlafen zu legen oder eine Pause einzulegen.

Das Training sollte in Zeitabschnitten, die dein Welpe oder Hund bewältigen kann, durchgeführt werden. Achte darauf, das Training nicht über die Konzentrationsgrenze deines Welpen hinaus zu verlängern oder deinen erwachsenen Hund mit zu fortgeschrittenen Befehlen zu überfordern. Wenn du über die Energiereserven deines Welpen hinaus trainierst, lernt er nicht die Lektionen, die du beabsichtigst. In diesem Alter müssen die Trainingseinheiten nicht lang sein, sondern beständig.

Spaziergänge sind im ersten Monat viel kürzer. Bleib in der Nähe des Hauses. Keine Sorge – am Monatsende wird dein Welpe mehr Ausdauer haben, sodass du längere Spaziergänge machen kannst. Am Ende des ersten Jahres kannst du je nach Tierarzt sogar kurze Joggingrunden machen. Ein bisschen Lauftraining an der Leine im Garten kann helfen, überschüssige Energie abzubauen und deinem Dackel beizubringen, sich an der Leine zu benehmen. Welpen neigen dazu, die Leine zu attakkieren, weil sie sie beim freien Laufen stört. Sie sind gute Joggingpartner, aber wenn sie älter werden, hilft es, sie eigenständig laufen zu lassen, um überschüssige Energie loszuwerden und Übergewicht zu vermeiden.

Einige Leute joggen mit ihren Dackeln, aber dies sollte erst ab einem Jahr geschehen. Beginne mit kurzen Joggingrunden, wenn dein Welpe Ausdauer entwickelt hat.

Nur weil dein Welpe anfangs keine langen Spaziergänge machen kann, heißt das nicht, dass er nicht voller Energie ist. Tägliche Bewegung ist wichtig, aber achte darauf, dass dein Welpe weder zu schnelle noch zu viele Bewegungen macht. Aktiv zu bleiben, hält ihn nicht nur gesund, sondern auch geistig fit. Du wirst schnell merken, wie bewegungsarm du vorher warst, weil du fast ständig in Bewegung sein bist, wenn der Welpe wach ist.

## KAPITEL 9
# Stubenreinheit

Dackel sind zwar fantastische Haustiere, aber ihn stubenrein kriegen ist oft schwierig. Egal, ob Welpe oder erwachsener Hund, die Herausforderung ist mindestens so groß wie bei einem Kleinkind, und Geduld ist gefragt. Viele Dackelbesitzer berichten häufig, dass diese intelligente Rasse oft eher den Besitzer trainiert als umgekehrt. Beim Stubenreinmachen musst du deinem Dackel klar machen, dass du der Chef bist und dein Zuhause kein Hundeklo ist.

Einen Zeitplan festzulegen, ist unerlässlich, und er muss so gestaltet sein, dass du ihn einhalten kannst, damit dein Dackel weiß, wann es in Ordnung ist, sein Geschäft zu erledigen. Wenn du konsequent und bestimmt bist (ohne gemein zu ihm zu sein), wird das deinem Dackel wirklich helfen zu verstehen, was du ihm beibringen möchtest.

Eine Leine kann nützlich sein, um sicherzustellen, dass dein Welpe lernt, wann und wo er hingehen soll. Es wird dennoch einige Herausforderungen geben, und es kann somit schwierig sein, deinen Welpen davon zu überzeugen, dass es einen bestimmten Platz gibt, der dafür gedacht ist, und dass dieser Platz nicht dein Zuhause ist.

Achte darauf, diese beiden Regeln konsequent anzuwenden.

1. Lasse den Welpen nie allein im Haus herumlaufen – er sollte immer im dafür vorgesehenen Welpenbereich sein, wenn du ihn nicht im Auge hast. Dein Dackel wird nicht begeistert sein, in einer verschmutzten Box auf Dauer zu zu sein, was ihn davon bei deiner Abwesenheit abhalten wird, sein Geschäft zu machen. Er könnte sich in anderen Bereichen des Hauses anders verhalten, wenn er frei herumstreifen darf.

2. Gib deinem Welpen ständigen, einfachen Zugang zu den Orten, an denen du ihn stubenrein machen willst. Du musst häufig nach draußen gehen, während dein Welpe lernt, wo er sein Geschäft erledigen soll, besonders wenn ein ständiger Zugang zu einem Ort nicht möglich ist. Wenn du rausgehst, lege deinem Welpen eine Leine an, um ihm zu zeigen, wo im Garten er sein Geschäft verrichten soll.

Beginne immer mit einem Trainingsplan und sei dann strenger mit dir selbst als mit deinem Welpen, um den Zeitplan einzuhalten. Du bist der Lehrer, damit der Welpe lernt, wo er sein Geschäft verrichten darf.

# Du hast dir eine Herausforderung ausgesucht

*„Geduld und Konsequenz sind der Schlüssel zum Erfolg. Behalte deinen Welpen im Auge. Du wirst die Anzeichen bemerken, dass er mal muss. Zu diesen Anzeichen gehören im Kreis suchen, sich hinhocken und winseln. Stelle sicher, dass du ihn rausbringst, nachdem er aufwacht, frisst und spielt."*

**Shona Malapelli**
*Malapelli's Minions Miniature Dachshunds*

Selbst wenn du alles richtig machst, berichten einige Dackel-Eltern, dass sie das Gefühl haben, ihr Dackel verbringe sein Leben damit, zu lernen, nicht ins Haus zu machen. Manchmal liegt das Problem an der Trennungsangst oder einem anderen Problem. Er macht es nicht aus Bosheit, sondern weiß einfach nicht, wie er mit dem Alleinsein umgehen soll. Es kann auch daran liegen, dass die Welpeneltern die Signale des Hundes nicht verstanden haben, sodass der Welpe drinnen gemacht hat, weil er es nicht länger aushalten konnte.

Denke daran, dass dein Dackel ein kleiner Hund ist und er daher keine große Blase hat. Dackel sind intelligent, also wird ein konsequenter Zeitplan deinem kleinen Kerl helfen zu verstehen, dass draußen sein Geschäft zu verrichten keine Option, sondern Pflicht für ihn ist. Das hilft dir auch, zu wissen, wann du deinen kleinen Welpen nach draußen bringen musst, um ein Missgeschick zu vermeiden.

Es gibt viele Empfehlungen online, aber letztlich funktioniert die gleiche, konsequente Handlung. Dieses Kapitel konzentriert sich auf die Schritte, die dir die Grundlage für den Erfolg bilden.

**Hier ist eine kurze Liste der Dinge, die du erledigen musst. Mehr Informationen dazu findest du später im Kapitel.**

1.  Du solltest darauf achten, dass dein Dackel an die Hundebox gewöhnt ist (Kapitel 6).

2.  Achte auf Anzeichen, dass dein Welpe nach einem Platz sucht, um sein Geschäft zu erledigen.

3.  Erstelle einen Zeitplan und halte dich immer daran. Dein Dackel wird den Rhythmus verstehen und die Spaziergänge zu den festgelegten Zeiten erwarten.

4.  Lob ist ein effektives Werkzeug, das gesünder als Leckerlis ist, besonders da die Rasse zu Übergewicht neigt. Sobald dein Welpe auf Lob reagiert, beginne, die Leckerlis zu reduzieren.

5.  Habe Geduld. Jeder Hund ist anders, daher kann man nicht vorhersagen, wie lange das Stubenreinwerden dauert. Geduldig zu sein hilft viel mehr, als frustriert oder verärgert zu werden. Dackel reagieren auf menschliche Emotionen, und das Training wird viel schwieriger, wenn dein Hund das Training mit negativen Gefühlen verbindet.

# Drinnen oder Draußen – Optionen und Überlegungen zur Stubenreinheit

Wenn dein Züchter bereits mit der Stubenreinheit begonnen hat, halte dich an die Methode, die der Züchter verwendet hat. So steigt die Wahrscheinlichkeit, dass die Stubenreinheit bei deinem Dackel schneller klappt.

Du hast folgende Möglichkeiten zur Stubenreinheit für deinen Welpen:

- **Welpenunterlagen –** Du solltest mehrere im Haus für das Training haben, auch im Bereich des Welpen, aber sie sollten so weit wie möglich von seinem Bett entfernt sein.

*Foto: Mit Erlaubnis von Chloe Reynolds & Conor Chuck*

- **Regelmäßige Ausflüge draußen** – Passe sie entsprechend dem Schlaf- und Futterplan deines Welpen an.

- **Belohnungen** – Du kannst am Anfang Leckerlis verwenden, aber wechsle schnell zu Lob.

Am Anfang ist es am besten, deinen Hund oft rauszulassen, auch nachts, damit dein Welpe lernt, sein Geschäft draußen zu erledigen. In den ersten Monaten ist es sinnvoll, eine Leine zu verwenden, wenn du

Foto: Mit Erlaubnis von Wanita Raposo

Foto: Mit Erlaubnis von Sandra Mazzafera

mit dem Welpen rausgehst. Das hilft ihm, an der Leine zu laufen und verhindert, dass er abgelenkt wird, bevor er sein Geschäft macht.

Bitte beachte: lobe den Welpen erst, wenn er fertig ist. Unterbrichst du ihn mitten im Geschäft, könnte er aufhören und drinnen weitermachen.

## Einen Zeitplan festlegen

Du musst deinen Welpen im Auge behalten und konsequent an der Stubenreinheit arbeiten:

- Nach dem Fressen

- Nach dem Aufwachen vom Schlaf oder jedem Nickerchen

- Nach einem festen Zeitplan (nachdem er festgelegt wurde)

Eine der wichtigsten Dinge, die du tun kannst, ist, deinen Dackel auf Anzeichen wie Schnüffeln und im Kreis laufen zu beobachten. Das sind typische Aktivitäten, während ein Welpe einen Platz sucht. Beginne, deinen Tagesablauf auf die individuellen Bedürfnisse deines Welpen abzustimmen.

Welpen haben kleine Blasen und anfangs wenig Kontrolle. Wenn du deinem Welpen beibringen musst, sein Geschäft drinnen zu erledigen, sollte es einen festen Platz mit einer sauberen Unterlage im Bereich des Welpen geben. Du solltest genügend geeignete Unterlagen vorrätig haben. Wechsle die Unterlagen regelmäßig, damit dein Welpe sich nicht daran gewöhnt, Abfall in der Nähe zu haben. Unterlagen sind besser als Zeitungspapier und können mehr absorbieren. Selbst wenn du Unterlagen benutzt, musst du planen, den Hund so schnell wie möglich daran zu gewöhnen, draußen sein Geschäft zu erledigen, damit dein Dackel lernt, dass drinnen der falsche Ort dafür ist.

## Den richtigen Ort wählen

Ein festgelegter Toilettenbereich kann das Stubenrein-Training erleichtern, da dein Dackel beginnt, einen bestimmten Bereich im Garten mit diesem Zweck zu verbinden und er schnüffelt so lange, bis er einen passenden Platz findet. Wenn er regelmäßig an einer Stelle sein Geschäft verrichtet, wird auch das Aufräumen viel einfacher; so kannst du den ganzen Garten nutzen, ohne dir Sorgen machen zu müssen, in Hundekot zu treten.

Angesichts der Tatsache, dass Dackel gerne graben, solltest du den vorgesehenen Toilettenbereich wahrscheinlich abseits der Zäune einrichten. Dackel können sehr wetterempfindlich sein, daher ist es hilfreich, wenn du den Bereich in der Nähe der Tür und unter einem Schutz zu platzierst. So wird dein Hund ermutigt, immer nach draußen zu gehen – statt drinnen sein Geschäft zu verrichten, wenn er bei schlechtem Wetter nicht raus möchte.

Wenn du spazieren gehst, ist das die perfekte Gelegenheit, deinem Welpen beizubringen, draußen sein Geschäft zu erledigen. Zwischen Spaziergängen und dem Garten wird dein Welpe die Leine als Zeichen sehen, dass es Zeit ist, sich zu erleichtern, was zu einer konditionierten Reaktion werden könnte.

Achte darauf, deinem Welpen die ganze Zeit draußen Aufmerksamkeit zu schenken. Er muss verstehen, dass der Zweck des Rausgehens darin besteht, sein Geschäft zu ma-

## Hilfreicher Tipp
### Kistentraining

Wenn du eine Box für deinen Dachshund kaufst, achte auf die Länge deines Hundes. Eine längere Box ist nötig, damit sich dein Dackel bequem aufrichten und umdrehen kann. Deinen Hund in der Box zu halten, wenn er alleine ist, du bei der Arbeit bist oder schläfst, hilft bei der Stubenreinheit. Dackel sind schwer zu trainieren, deshalb sei beharrlich beim effektiven Einsatz der Box.

chen. Schicke ihn nicht allein nach draußen und gehe davon aus, dass er getan hat, was du wolltest. Damit es keine Unfälle mehr im Haus gibt, musst du sicherstellen, dass er draußen nicht die Konzentration verliert.

## Stichwort „Training"

Alle Übungen sollten Schlüsselwörter beinhalten, auch das Stubenreinheitstraining. Du und alle Familienmitglieder sollten wissen, welche Wörter ihr verwendet, wenn ihr eurem Hund beibringt, wo er sein Geschäft verrichten soll, und ihr solltet diese Wörter konsequent nutzen. Wenn ein Erwachsener mit einem Kind trainiert, sollte der Erwachsene das Schlüsselwort verwenden.

Um Verwirrung zu vermeiden, wähle keine Wörter, die du oft im Haus benutzt. Verwende eine kurze Aufforderung wie „Mach schnell", um deinem Welpen zu signalisieren, dass es Zeit ist, zur Sache zu kommen, und nicht Wörter wie „Toilette" oder „Pipi" – diese könntest du versehentlich in normalen Gesprächen verwenden und damit deinen Hund irreführen. „Mach schnell" ist eine Aufforderung, die man im Alltag nicht häufig sagt, sodass es unwahrscheinlich ist, dass du es versehentlich benutzt.

Sobald dein Welpe gelernt hat, auf Kommando sein Geschäft zu machen, warte, bis er fertig ist, bevor du ihn lobst oder belohnst.

# Gutes Verhalten mit positiver Verstärkung belohnen

Positive Verstärkung ist sehr effektiv. Nimm am Anfang sowohl drinnen als auch draußen ein paar Stücke Trockenfutter mit, wenn du deinem Welpen beibringst, wo er hingehen soll. Zu lernen, dass du derjenige bist, der das Sagen hat, hilft deinem Dackel, sich an dich und deinen Hinweisen und Anweisungen zu wenden.

Ein Teil der konsequenten Erziehung ist, den kleinen Kerl mit Lob zu überschütten, wenn er das Richtige tut. Wenn du deinen Welpen ohne Umwege an der Leine zu einem bestimmten Bereich führst, wird es allmählich klar, dass er dort sein Geschäft machen soll. Sobald du draußen bist, ermutige ihn, an dem vorgesehenen Platz im Garten sein Geschäft zu verrichten. Sobald er fertig ist, gib ihm sofort Lob und zeige Begeisterung. Streichele ihn dabei, um ihm zu zeigen, wie gut er es gemacht hat. Danach geht's sofort wieder rein. Das ist keine Spielzeit. Dein Welpe soll bestimmte Ausflüge mit Toilettenzeit verbinden.

Während Lob für Dackel effektiver ist, kannst du ihm nach ein paar erfolgreichen Ausflügen auch ein Leckerli geben. Mache das aber nicht zur Gewohnheit, da er nicht jedes Mal ein Leckerli erwarten soll. Es geht darum, nach draußen zu gehen, und er kann lernen, dass er bei Ausflügen ein Leckerli bekommen kann, aber nicht muss.

Einer der besten Methoden zur Stubenreinheit ist, in den ersten ein bis zwei Monaten jede Stunde oder zwei rauszugehen, was auch nachts geschehen sollte. Du musst einen Wecker stellen, um innerhalb dieser Zeit aufzustehen und mit dem Welpen nach draußen zu gehen. Benutze die Leine, um den Fokus auf die Toilette zu halten, lobe mit derselben Begeisterung, und gehe dann sofort wieder ins Bett. Es ist anstrengend, aber dein Dackel lernt schneller, wenn die Pausen zwischen den Toilettengängen kurz sind. Mit der Zeit wird er seltener raus müssen, und du bekommst mehr Schlaf.

Foto: Mit Erlaubnis von Alma Diaz

Wenn dein Dackel ein Missgeschick hat, ist es wichtig, ihn nicht zu bestrafen. Unfälle sind kein Anlass zur Strafe – sie spiegeln eher dein Training und deinen Zeitplan wider als das, was der Welpe gelernt hat. Dennoch sind Missgeschicke fast unvermeidlich. Wenn eins passiert, sage ihm: „Nein. Draußen!" und säubere sofort das Missgeschick. Danach bring ihn nach draußen, um sein Geschäft zu machen. Natürlich, wenn er nicht geht, sollte er kein Lob bekommen.

# Aufräumen

Beseitige Malheure im Haus sofort, wenn du sie entdeckst. Es bringt nichts, deinen Welpen negativ zu bestrafen, es sei denn, du erwischst ihn direkt dabei. Dein Hund lernt sonst nur, sein Malheur zu verstekken, um Strafe zu vermeiden. Gehe stattdessen mit ihm nach draußen und schaue, ob er dort sein Geschäft verrichtet. Wenn jemand zu Hause ist, solltest du das Missgeschick so schnell wie möglich beseitigen. Informiere dich ein wenig darüber, welche Reinigungsmittel du verwendest. Entscheide dich für ein allgegenwärtiges Produkt oder ein natürliches Produkt. Beispielsweise wäre ein Enzymreiniger sinnvoll. Enzyme beseitigen Flecken, indem sie die chemische Reaktion des Reinigers mit dem Fleck beschleunigen. Sie helfen auch, den Geruch schneller zu entfernen, was die Wahrscheinlichkeit verringert, dass dein Hund immer wieder an dieselbe Stelle geht. Dackel markieren meist nicht ihr Revier, besonders wenn sie gut erzogen sind, aber du solltest verhindern, dass besuchende Hunde Bereiche markieren, in denen dein Welpe Malheure hatte. Enzymreiniger sind am besten geeignet für die Reinigung von Malheuren.

Achte darauf, wann diese Malheure passieren und ob es eine Gemeinsamkeit gibt. Vielleicht musst du deinem Welpen einen zusätzlichen Ausflug nach draußen ermöglichen oder seinen Spaziergangsplan ändern. Oder möglicherweise erschreckt etwas deinen Hund, was ein Malheur verursacht.

# KAPITEL 10
# **Sozialisation**

*„Sie müssen früh sozialisiert werden. Ein guter Züchter beginnt mit der Sozialisation ab der 3. Woche, indem er sie an verschiedene Anblicke, Gerüche und Geräusche gewöhnt. Sie brauchen 3 bis 18 Wochen Zeit für die Sozialisation. Bringe sie an Orte, die für sie positive Erlebnisse darstellen. Fange langsam an und verlängere die Zeitdauer bei jedem Besuch."*

**Mary Lee Wood**
*Zoey's Doxies*

Obwohl, wie in einem früheren Kapitel besprochen wurde, Dackel aggressiv sein können, sind die meisten begeistert davon, andere kennenzulernen und deren Gesellschaft zu genießen. Der beste Weg, den lebensfrohen, verspielten Welpen in deinem Dackel hervorzubringen, ist, ihn so früh wie möglich zu sozialisieren bzw. sobald eine sichere Umgebung geschaffen worden ist (Welpen brauchen alle Impfungen, bevor du sie regelmäßig mit Hunden außerhalb deines Zuhauses zusammenbringst). Diese Rasse liebt Gesellschaft und neigt dazu, optimistisch und verspielt zu

Foto: Mit Erlaubnis von
Jeanne Brigandi
Photo by Carl Brigandi

Foto: Mit Erlaubnis von Frances Brown

sein. Regelmäßige Sozialisation fördert deinen Hund sehr, damit er zu deinem gewünschten liebevollen und, verspielten Hausgenossen wird.

Wenn du früh mit der Sozialisation bei Dackeln beginnst, wird alles viel einfacher, da sie eine so gesellige und freundliche Rasse sind. Dackel haben ein verspieltes Temperament, was es leichter macht, aber dennoch solltest du vorsichtig vorgehen, um sicherzustellen, dass es für alle eine positive Erfahrung wird.

Wie jeder Hund können Dackel manchmal herrisch, besitzergreifend und eifersüchtig werden, auch wenn das nicht typisch für sie ist. Manchmal kommt der Terrier oder Bulldoggen-Instinkt durch, was weniger angenehm sein kann. Wenn du also früh mit der Sozialisation anfängst, kannst du das im Keim ersticken und es für dich und deinen Welpen spaßig gestalten. Bei einem erwachsenen Hund, der nicht richtig sozialisiert ist, könnte es etwas schwieriger werden.

Sozialisation ermöglicht es deinem Dackelwelpen zu lernen, dass es viel Spaß machen kann, mit Menschen zu spielen, die du in dein Zuhause einlädst, und mit Hunden, die ihr beim Spazierengehen trefft. Damit sich der beste Charakter deines Dackels zeigt, solltest du die Sozialisation von klein auf planen.

Denk daran, dass dein Welpe alle Impfungen braucht, bevor er mit anderen Hunden in Kontakt kommt.

## Sozialisation erleichtert langfristig das Leben

Alle Hunde brauchen Sozialisation, aber intelligente Rassen haben analytischere Köpfe. Deshalb sollten sie so früh wie möglich lernen, dass die Welt meistens ein sicherer Ort ist und andere Menschen und Tiere

Foto: Mit Erlaubnis von
Karen Mayr

normalerweise keine Bedrohung darstellen. Dein Welpe sollte auch lernen, dass dominantes, aggressives Verhalten nicht akzeptabel ist.

Frühe Sozialisation hat den Vorteil, dass sie das Leben für alle Beteiligten angenehmer macht, egal in welcher Situation. Ein sozialisierter Hund begegnet der Welt aus einer viel besseren Perspektive als ein nicht sozialisierter Hund.

## Hilfreicher Tipp
### Sozialisation

Dackel sind instinktiv misstrauisch gegenüber Fremden. Sie brauchen viel Kontakt mit neuen Menschen, Orten und anderen Tieren. Setze die Gewöhnung an neue Eindrücke bis ins Jugendalter (sechs bis neun Monate) fort und biete Sozialisation von einem bis drei Jahren an, da emotionale und körperliche Veränderungen Aggressionen auslösen können.

## Neue Menschen begrüßen

Deinen Dackel darauf zu trainieren, wie er mit Besuchern umgehen soll, kann etwas länger dauern, da er möglicherweise keine Lust auf soziale Interaktionen hat – und Menschen werden deinen niedlichen kleinen Hund streicheln wollen. Es ist genauso wichtig, den Menschen zu zeigen, wie sie mit deinem Hund umgehen sollen. Bringe deshalb deinem Hund bei, wie er mit Besuchern interagieren sollte. Lasse auch deine Besucher wissen, dass sie den Hund in Ruhe lassen sollen, wenn er kein Interesse an einer Begrüßung zeigt.

Welpen freuen sich wahrscheinlich darauf, neue Menschen kennenzulernen, also lade ruhig Menschen ein, um deinem vierbeinigen Familienmitglied zu helfen, sich zu sozialisieren. Um deinen Welpen einer neuen Person vorzustellen, probiere eine dieser Methoden:

1. Versuche, dass dein Welpe täglich neue Menschen trifft, wenn möglich. Das kann bei Spaziergängen oder anderen Aktivitäten außerhalb des Hauses geschehen. Wenn das nicht jeden Tag klappt, strebe es mindestens 4 Mal pro Woche an.

2. Lade Freunde und Familie ein und lasse sie dem Welpen ein paar Minuten Aufmerksamkeit schenken. Wenn dein Welpe ein Lieblingsspiel oder eine Lieblingsaktivität hat, erzähle es allen Beteiligten, damit sie mit ihm spielen können. So gewinnst du den Kleinen schnell für dich und zeigst ihm, dass neue Menschen Spaß machen und eine sichere Umgebung ist so gewährleistet.

3. Sobald dein Welpe alt genug ist, um Tricks zu lernen (nach dem ersten Monat – versuche nicht, ihm sofort Tricks beizubringen,

er braucht Zeit und muss reifen), lasse deinen kleinen Freund die Tricks für Besucher vorführen. Das ist ein wichtiger Schritt, den du berücksichtigen musst, und selbst wenn dein Welpe nicht viel größer wird, beachte, dass viele Leute bei Hunden jeder Größe nervös sein können.

4. Vermeide Menschenmengen in den ersten Monaten. Wenn dein Welpe einige Monate bis ein Jahr alt ist, besuche hundefreundliche Veranstaltungen, damit er lernt, sich in einer großen Gruppe von Menschen wohlzufühlen.

Foto: Mit Erlaubnis von
Vicki Sanchez

# Neue Hunde begrüßen

*„Ich habe festgestellt, dass viele Dackel große Hunde nicht mögen, es sei denn, sie sind mit ihnen aufgewachsen. Sie neigen dazu, sehr aggressiv zu werden und könnten dadurch in Schwierigkeiten geraten."*

**Kim Gillet**
*Cameo Dachshunds*

Kapitel 7 behandelt die Vorstellung deines neuen Dackels bei deinen anderen Hunden, aber die Begegnung mit fremden Hunden ist etwas anders, besonders wenn du mit ihm spazieren gehst. Die meisten Hunde verbeugen sich und beschnuppern sich bei einem Treffen. Achte auf die gleichen Aggressionszeichen aus Kapitel 7, wie beispielsweise aufgestellte Nackenhaare und gefletschte Zähne. Eine Verbeugung, hochgetragener Schwanz und gespitzte Ohren bedeuten meist, dass dein Dackel sich freut, den anderen Hund zu treffen. Macht dein Dackel Geräusche, achte auf Aggressionsanzeichen, um sicherzugehen, dass es spielerische Laute und kein Unwohlsein sind.

Laut der Dackelgesellschaft sind etwa ein Drittel der Dackel gegenüber anderen Hunden aggressiv (keiner war aggressiv gegenüber Menschen). Ist dein Dackel aggressiv, solltest du früh mit dem Training beginnen, um Probleme zu vermeiden. Der beste Weg dafür sind Spieltreffen an neutralen Orten. So vermeidest du Eifersucht wegen Spielzeug oder Revierverhalten.

Lass deinen Dackel nicht auf andere Hunde springen. Tut er es doch, sage sofort „Nein", um ihm zu zeigen, dass dieses Verhalten nicht akzeptabel ist. Das könnte sonst ein Dominanzverhalten werden, das du bei deinem Welpen vermeiden solltest, selbst wenn es anfangs nur spielerisch ist.

## Die Bedeutung der fortgesetzten Sozialisation

Auch freundliche Hunde müssen sozialisiert werden. Es ist wichtig, dass dein Welpe andere Menschen und Hunde kennenlernt, damit er nicht zu aggressiv oder dominant wird. Das bedeutet nicht, ihn zu Interaktionen zu zwingen, aber der Besuch von Kursen und Spieltreffen sorgt dafür, dass sich dein Hund auf andere Hunde freut.

Lade regelmäßig Familie und Freunde ein, vor allem mit ihren Hunden, damit dein Dackel ständig daran erinnert wird, dass sein Zuhause ein einladender Ort ist und er nicht seine Dominanz zeigen muss. Dein Welpe sollte nicht denken, dass die Außenwelt in Ordnung ist, und dass er aber zu Hause ein kleiner Tyrann sein darf.

## Einen erwachsenen Hund sozialisieren

Manchmal ist ein erwachsener Hund zu stur, um sich zu ändern, besonders wenn er in seinen goldenen Jahren ist. Die meisten erwachsenen Hunde können jedoch sozialisiert werden, solange du es neben dem Training zur Priorität machst. Wenn du nicht bereit bist, sehr geduldig mit deinem erwachsenen Dackel zu sein, ist es besser, keinen erwachsenen Hund zu adoptieren. Es besteht die Möglichkeit, dass dein Dackel nicht so freundlich zu anderen Hunden sein könnte, selbst wenn er im Tierheim gut mit ihnen ausgekommen ist. Bevor du mit der Sozialisation beginnst und ihn anderen Hunden vorstellst, sollte dein Hund einige Grundkommandos kennen und unter deiner Kontrolle sein.

Die Sozialisation eines erwachsenen Hundes erfordert viel Zeit, Hingabe, sanftes Training und eine konsequente Herangehensweise. Mit etwas Geduld wirst du einen erwachsenen Hund haben, der bereits gut sozialisiert ist. Das bedeutet jedoch nicht, dass du dich völlig entspannen kannst. Der Hund könnte schlechte Erfahrungen mit einer bestimmten oder unbekannten Hunderasse gemacht haben.

Wenn du Probleme mit deinem erwachsenen Hund hast, konsultiere einen Hundepsychologen oder spezialisierten Trainer. Wenn du beispielsweise in der ersten Woche andere Hunde meiden musst, weil dein Dackel nicht gut auf sie reagiert, kann dir ein Profi dabei helfen, deinen erwachsenen Hund besser zu sozialisieren.

# 5

## SOZIALISATION

**TIP 1**

### BEHERRSCHE DIE GRUNDKOMMANDOS

Dein Hund sollte die folgenden Befehle beherrschen, bevor du an der Sozialisation arbeitest: *Sitz, Platz,* Fuß, Bleib. Bleib ist besonders wichtig, da dein Hund Selbstkontrolle zeigt, wenn er auf deinen Befehl an Ort und Stelle bleibt. Das ist sehr hilfreich für die Sozialisation, weil du so einen aggressiven Impuls durch Aktivierung des Hörmodus überschreiben kannst. Draußen musst du deine Umgebung gut im Blick haben und in der Lage sein, deinen Hund zu kommandieren, bevor ein anderer Hund oder Mensch in die Nähe kommt.

**TIP 2**

### VERWENDE EINE KURZE LEINE BEIM SPAZIERGANG

Beim ersten Anzeichen von Aggression, dreh dich um und gehe in die entgegengesetzte Richtung. Achte auf deine Umgebung, um zu erkennen, worauf dein Hund reagiert, und beginne, ihm ein friedliches Verhalten beizubringen.

**TIP 3**

### RICHTUNGSWECHSEL

wenn du bemerkst, dass dein Dackel negativ auf eine bestimmte Person oder einen Hund reagiert, der sich euch nähert. Vermeidung ist eine gute kurzfristige Lösung, bis dein Hund die Anwesenheit dieser Hunde oder Menschen besser akzeptiert. Wenn du keine andere Richtung einschlagen kannst, sag deinem Hund, er soll sitzen, und blockiere seine Sicht. Das kann herausfordernd sein, da dein Hund versuchen wird, um dich herumzuschauen. Trainiere mit ihm, damit er auf dich hört und seine Aufmerksamkeit von dem, was auf ihn zukommt, abgelenkt wird.

**TIP 4**

### VERABREDE SPIELTERMINE MIT FREUNDLICHEN HUNDEN

Bitte Freunde mit freundlichen Hunden zum Treffen in einen umzäunten Bereich. Ein bis zwei nette Hunde können deinem Dackel zeigen, dass nicht alle Hunde gefährlich sind. Wenn sie zusammen herumlaufen, lernt dein Hund, dass andere meist nur die Umgebung genießen, ohne dass er sie bedrängen muss.

**TIP 5**

### BESONDERE LECKERLIS NUR FÜR SPAZIERGÄNGE BESORGEN

Zeigt dein Hund Aggression beim Spazieren, lass ihn sitzen und gib ihm Spezialleckerlis. Dackel lieben Futter – eine perfekte Ablenkung von seinem Beschützerinstinkt. Bei ersten Anzeichen von Aggression aktiviere dein Trainingswissen und setze seine Leckerliliebe ein. Langsam aber sicher lernt dein Hund, dass Fremde und andere Hunde Positives bedeuten. Dies ersetzt jedoch nicht das HundeSozialisationstraining. Kombiniere es mit dem vierten Vorschlag für beste Ergebnisse.

# KAPITEL 11
# Deinen Dackel trainieren

*„Jeder Hund ist anders, aber generell können Dackel stur sein. Sei konsequent bei jedem Aspekt des Trainings. Die meisten Dackel lassen sich mit Futter sehr motivieren und tun somit alles für ein Leckerli. Mit Geduld werden sie zu gut erzogenen Hunde."*

**Mary Lee Wood**
*Zoey's Doxies*

Die Intelligenz dieser Rasse und ihrer Vorliebe für Futter und Spiel, bedeutet, dass dein Dackel sich fast zu allem überreden lässt. Er wird die Aufmerksamkeit lieben, aber manchmal hat er einfach keine Lust zuzuhören, egal was du ihm anbietest. Deshalb solltest du immer darauf achten, wie viele Leckerlis du deinem Dackel gibst (der andere Grund dafür ist das Risiko von Übergewicht).

Dackel können wunderbar für viele Fähigkeiten trainiert werden. Sie lieben es zu spielen und in deiner Nähe zu sein. Sie könnten jedoch denken, dass das Training eher dazu dient, dich zu trainieren – sie wollen Leckerlis oder Spielzeug und sind bereit, das zu tun, was du verlangst, um dich dazu zu bringen, ihnen es zu geben. Ihre natürliche Begeisterung für Neues und Zeit mit ihren Mitmenschen zu verbringen reicht aus, um sie glücklich zu machen. Ihre Sturheit kann manchmal für dich etwas herausfordernd sein, aber bewahre die Ruhe.

Das Training wird mit der Zeit immer mehr Spaß machen, aber anfangs wird es wahrscheinlich langsam vorangehen, da dein Hund sehr aufgeregt über die Interaktion sein

## Hilfreicher Tipp
### Den Besitzer trainieren

Es gibt viele Möglichkeiten, Hunde zu trainieren. Wenn du neu in der Haustierhaltung bist, kann dir der Rat eines professionellen Trainers helfen. Trainiere deinen Hund niemals durch Angst, da dies nur zu Unsicherheiten führen kann. Übertreibe es aus Gründen der Ausgewogenheit auch nicht mit Liebe und Zuneigung. Sorge für eine ausgewogene, strukturierte Routine.

Foto: Mit Erlaubnis von
Jessica Kyei-Yamoah

wird. Du musst konsequent und bestimmt sein und die Trainingseinheiten zu Beginn sehr kurz halten. Wenn du von Anfang an geduldig mit deinem Welpen bist, wirst du später die Früchte ernten.

## Vorteile einer guten Erziehung

Zusätzlich zur Erleichterung der Sozialisation und den Ausflügen kann Training das Leben deines Hundes retten. Befehle zu verstehen, hält deinen Hund davon ab, auf die Straße zu rennen oder auf Provokationen anderer Hunde zu reagieren (oder selbst aggressiv zu sein). Training spart Zeit, falls dein Hund entläuft.

Training ist eine wunderbare Möglichkeit, eine Bindung zu deinem Hund aufzubauen. Es gibt euch gemeinsame Zeit und hilft dir, die Persönlichkeit deines Welpen zu verstehen und herauszufinden, welche Belohnungen bei anderen Aufgaben wie Sozialisation am besten funktionieren. Dein Dackel kann dich zu Picknicks oder anderen Ausflügen begleiten, also stelle sicher, dass er gut trainiert ist, damit ihr eine Vielzahl an Aktivitäten genießen könnt.

## Die richtige Belohnung wählen

*„Erwarte nicht, dass sie so lernen wie ein Deutscher Schäferhund. Stattdessen brauchen sie viel Lob, viele Leckerli und viele Gründe, warum du möchtest, dass sie etwas Bestimmtes tun. Andernfalls werden sie dich ignorieren."*

**Kim Gillet**
*Cameo Dachshunds*

Die richtige Belohnung für einen Dackel ist letztendlich Liebe und Zuneigung. Leckerlis sind der einfachste Weg, einem Welpen zu zeigen, dass das Ausführen von Tricks zum guten Verhalten gehört. Bald solltest

Foto: Mit Erlaubnis von
Brittany Prince

du allerdings auf einen sekundären Verstärker umsteigen. Lob, zusätzliche Spielzeit und mehr Streicheleinheiten sind fantastische Belohnungen für Dackel. Dein Hund wird dir wahrscheinlich folgen, bis du dich entscheidest, einfach mal zu entspannen. Sich nach einem intensiven Training vor den Fernseher zu setzen und den Welpen mit dir kuscheln zu lassen, ist eine großartige Belohnung. Dein Welpe hat gelernt und ihr könnt jetzt beide gemeinsam entspannen.

Denke daran, dass diese Rasse zu Übergewicht neigt, was schädlich für die Gesundheit und den Rücken deines Hundes sein kann. Sorge dafür, dass du so früh wie möglich zu einer anderen positiven Belohnung

Foto: Mit Erlaubnis von
Bob Jenkins Jr.

wechselst. Dackel lieben auch ihre Spielsachen, also musst du nicht ausschließlich auf Lob setzen (was je nach Laune deines Hundes eine gute oder schlechte Belohnung sein kann).

Wenn du möchtest, dass dein Dackel positives Feedback mit einem Geräusch verbindet, kannst du einen Klicker verwenden. Sie sind relativ günstig und sollten gleichzeitig mit dem Lob für deinen Welpen oder Hund benutzt werden. Klicker sind nicht unbedingt notwendig, aber einige Trainer finden sie nützlich.

# Namenserkennung

Im Laufe der Zeit denken sich viele von uns mehrere Namen für ihre Hunde aus. Du kannst Spitznamen, scherzhafte Bezeichnungen und Beschreibungen basierend auf einigen ihrer lustigen Aktionen (deshalb lieben wir sie) später verwenden. Bevor du jedoch einen Hund trainieren kannst, musst du sicherstellen, dass dein Hund seinen echten Namen kennt.

1. Nimm ein paar Leckerlis und zeige deinem Hund eins.

2. Sage den Namen des Hundes, sage sofort „Ja" (dein Hund sollte dich dabei ansehen), dann gib ihm ein Leckerli.

3. Warte 10 Sekunden, dann zeige deinem Hund ein Leckerli und wiederhole Schritt 2.

Die Sitzungen sollten nicht länger als fünf Minuten dauern, da dein Hund sonst die Konzentration oder das Interesse verliert. Die Namenskennung kannst du mehrmals am Tag üben. Nach fünf bis zehn Sitzungen ändert sich das Training leicht.

1. Warte, bis dein Hund dir keine Aufmerksamkeit mehr schenkt.

2. Rufe deinen Hund. Wenn der Hund an der Leine ist, gib einen sanften Ruck, um seine Aufmerksamkeit zu bekommen.

3. Sage „Ja" und gib dem Hund ein Leckerli, wenn er dich anschaut.

In dieser Zeit solltest du den Namen deines Hundes nicht bei Korrekturen oder grundlos verwenden. Denn anfangs soll der Hund den Namen nur mit etwas sehr Positivem wie Leckerlis verbinden. So lernt dein Hund schneller, auf dich zu hören, egal was um ihn herum passiert.

Es ist wahrscheinlich, dass dein Dackel nicht lange braucht, um seinen Namen zu erkennen.

# Wichtige Kommandos

Es gibt fünf grundlegende Befehle, die alle Hunde kennen sollten. Diese Befehle sind die Grundlage für eine glückliche und angenehme Beziehung zu deinem Hund. Sobald dein Welpe alle fünf Befehle gelernt hat, wird der Zusammenhang zwischen den gesprochenen Wörtern und den erwarteten Handlungen klarer. Dies hilft dem Hund, neue Wörter im Hinblick auf Erwartungen zu verstehen, und erleichtert das Training komplexer Konzepte.

Trainiere deinen Welpen, die Befehle in der Reihenfolge zu lernen, in der sie in diesem Kapitel erscheinen. „Sitz" ist ein einfacher Befehl, den alle Hunde von Natur aus beherrschen. Da Hunde oft sitzen, ist dies der einfachste Befehl zum Lehren. „Lass es" und „Gib es" beizubringen ist schwieriger, da der Welpe hierbei oft gegen Instinkte oder Wünsche ankämpfen muss. Überlege, wie oft du etwas tun willst, obwohl du weißt, dass du nicht solltest – genau das ist die Herausforderung mit einem Welpen. „Ruhig" kann ebenfalls schwierig sein, da Hunde, besonders Welpen, oft als natürliche Reaktion bellen. Diese beiden Befehle brauchen mehr Zeit zum Lernen, daher solltest du die nötigen Hilfsmittel bereit haben, um deine Erfolgschancen zu erhöhen.

**Hier sind einige grundlegende Richtlinien, die du beim Training befolgen solltest.**

- Alle Haushaltsmitglieder sollten am Dackeltraining teilnehmen. Der Welpe muss auf jeden hören, nicht nur auf einzelne Personen. Anfangs können nur wenige Personen trainieren oder es kann mit Kindern im Haus trainiert werden. Ein Erwachsener sollte jedes Training beaufsichtigen, aber Kinder einzubeziehen lehrt den Welpen, auf alle zu hören. Dies ermöglicht auch die Überwachung der Kind-Welpe-Interaktion und gewährleistet Sicherheit und Regeleinhaltung.

- Wähle zum Start einen ruhigen, ablenkungsfreien Bereich für dich und deinen Welpen. Lasse Smartphone und andere Geräte weg, um dich voll auf den Welpen konzentrieren zu können.

- Freue dich über das Training. Dein Welpe wird deine Begeisterung spüren und sich dadurch besser konzentrieren.

- Sei konsequent und bestimmt, während du trainierst.

- Bringe zu den ersten Trainingseinheiten ein besonderes Leckerli wie zum Beispiel Hühnerstücke oder kleine Snacks mit.

## „Sitz"

Beginne mit dem Beibringen des Hundekommandos „Sitz", wenn dein Welpe etwa acht Wochen alt ist. Sobald du dich an deinem ruhigen Trainingsort eingerichtet hast:

1. Halte ein Leckerli hin.

2. Führe das Leckerli über den Kopf deines Welpen. Dadurch wird er sich nach hinten bewegen.

3. Sage „Sitz", sobald das Hinterteil des Welpen den Boden berührt.

Es ist hilfreich, eine zweite Person dabei zu haben, die deinem Welpen zeigt, was du meinst, indem sie sich hinsetzt.

Warte, bis dein Welpe beginnt, sich hinzusetzen, und sage „Sitz", während er sich setzt. Wenn er vollständig sitzt, lobe ihn. Natürlich wird dein Welpe dadurch ganz aufgeregt und zappelig, also kann es etwas dauern, bis er wieder sitzen will. Wenn der Moment kommt und er sich erneut setzt, wiederhole den Ablauf.

Es wird mehr als nur ein paar Übungseinheiten brauchen, bis dein Welpe deine Worte mit den Handlungen verbindet. Befehle sind für deinen kleinen Freund etwas ganz Neues. Sobald er „Sitz" beherrscht, beginne mit dem Kommando „Platz".

## „Platz"

Wiederhole den gleichen Prozess, um diesen Befehl beizubringen, wie du es für „Sitz" gemacht hast.

1. Sag deinem Hund, er soll sitzen.

2. Halte das Leckerli hin.

3. Senke das Leckerli auf den Boden, während dein Hund daran schnuppert. Lasse deinen Welpen das Leckerli lecken, aber wenn er aufsteht, fange von vorne an.

4. Sage „Platz", sobald die Ellbogen des Welpen den Boden berühren, und lobe ihn, während er das Leckerli frisst.

Warte, bis der Welpe anfängt, sich hinzulegen, dann sage „Platz". Wenn der Dackel fertig mit der Bewegung ist, biete ihm deine ausgewählte Belohnung an.

Es wird wahrscheinlich weniger Zeit in Anspruch nehmen, diesen Befehl beizubringen.

Warte, bis dein Welpe das Kommando „Platz" beherrscht, bevor du mit „Bleib" weitermachst.

## „Bleib"

„Bleib" ist ein wichtiges Kommando, weil es deinen Welpen davon abhalten kann, über die Straße zu rennen oder auf jemanden zuzulaufen, der Angst vor Hunden hat. Dein Hund sollte „Sitz" und „Platz" beherrschen, bevor du ihm „Bleib" beibringst. Dieses Kommando zu lernen wird schwieriger sein, da es nicht etwas ist, was dein Welpe von Natur aus tut. Sei darauf vorbereitet, dass es etwas länger dauern kann.

1. Sage deinem Welpen, er soll entweder sitzen oder bleiben.

2. Wenn du das machst, halte deine Hand vor das Gesicht des Welpen.

3. Warte, bis der Welpe aufhört, deine Hand abzulecken, bevor du weitermachst.

4. Wenn sich der Welpe beruhigt, mach einen Schritt zurück. Bleibt dein Welpe ruhig, sage „Bleib" und gib ihm ein Leckerli und Lob.

Dem Welpen die Belohnung zu geben, zeigt, dass das Kommando vorbei ist, aber du musst auch klar machen, dass der Befehl abgeschlossen ist. Der Welpe muss lernen, an Ort und Stelle zu bleiben, bis du das Signal gibst, dass er sich bewegen darf. Wenn du das „Okay" zum Bewegen gibst, sollten keine Leckerlis mehr verteilt werden. „Komm" sollte nicht als Okay-Signal genutzt werden, da es ein eigenes Kommando ist.

Wiederhole diese Schritte, indem du nach einem erfolgreichen Kommando mehr Schritte vom Welpen wegnimmst.

Sobald dein Welpe versteht, dass er bleiben soll, wenn du dich entfernst, beginne damit, das Bleiben zu üben, auch wenn du dich nicht bewegst. Verlängere die Zeit, die der Welpe an einem Ort bleiben muss, damit er versteht, dass das Bleiben mit dem Kommando „Okay" endet.

Wenn du das Gefühl hast, dass dein Welpe das Bleiben beherrscht, beginne damit, ihm das Kommen beizubringen.

137

## „Komm"

Diesen Befehl kannst du erst beibringen, wenn der Welpe die vorherigen Befehle beherrscht. Bevor du das Training beginnst, entscheide, ob du „Komm" oder „Komm her" verwenden möchtest. Sei konsequent bei der Wortwahl.

Dieser Befehl ist genauso wichtig wie der vorherige. Wenn du Menschen begegnest, die nervös bei Hunden sind, oder ein wildes Tier oder eine andere Ablenkung auftaucht, kann dieser Befehl die Aufmerksamkeit deines Welpen wieder auf dich lenken.

1. Leine den Welpen an.

2. Sage dem Welpen, dass er bleiben soll.

3. Entferne dich vom Welpen.

4. Sage das Kommando für „Komm" und ziehe ihn sanft an der Leine zu dir hin.

Wiederhole diese Schritte und vergrößere den Abstand zwischen dir und dem Welpen. Sobald der Welpe es zu verstehen scheint, entferne die Leine und beginne mit einem kurzen Abstand. Wenn dein Welpe den Befehl nicht versteht, gib ihm am besten visuelle Hinweise. Zum Beispiel kannst du auf dein Bein klopfen oder mit den Fingern schnippen. Sobald dein Welpe zu dir läuft, biete ihm eine Belohnung an.

## „Aus"

Obwohl Dackel klein sind, ist es wichtig, deinem Hund beizubringen, von etwas herunterzugehen. Das unterscheidet sich von der Beibringung, nicht auf Menschen zu springen (siehe Kapitel 8). Dieser Befehl ist speziell dafür gedacht, deinen Hund von Möbeln oder gefährlichen Oberflächen herunterzubekommen. Diese Art von Training erfordert spontane Reaktion, da du versuchst, eine unerwünschte Handlung zu stoppen. Es ist entscheidend, Leckerlis parat zu haben, wenn du siehst, dass dein Hund auf etwas klettert, wo er nicht sein soll.

1. Warte, bis dein Hund seine Pfoten auf etwas legt, worauf er nicht sein soll.

2. Sage „Runter" und locke ihn mit einem Leckerli weg, das du gerade außerhalb seiner Reichweite hältst.

3. Sage „Ja" und gib ihm ein Leckerli, sobald seine Pfoten von der Oberfläche sind.

Wiederhole dies jedes Mal, wenn du das Verhalten beobachtest. Es wird wahrscheinlich eine Weile dauern, bis dein Hund versteht, dass er die Handlung nicht mehr ausführen soll. Mit der Zeit wechsle von Leckerlis zu Lob oder spiele mit einem Spielzeug.

## „Lass es"

Das ist ein schwieriger Befehl, aber du musst deinem Hund beibringen, es zu unterlassen, wenn du spazieren gehst oder möchtest, dass er andere Menschen oder Hunde ignoriert.

1. Zeige deinem Hund die Leckerlis in der Hand, dann schließe sie. Deine Faust sollte nah genug sein, damit dein Hund an dem Leckerli schnüffeln kann.

2. Sage „Lasse es" wenn dein Hund anfängt, an deiner Hand zu schnüffeln.

3. Sage „Ja" und gib deinem Hund ein Leckerli, wenn er seinen Kopf von den Leckerlis abwendet.

Am Anfang wird das wahrscheinlich etwas dauern, da dein Hund die Leckerlis haben möchte. Sage nicht weiterhin „Lass es", da dein Hund nicht lernen soll, dass du Befehle mehrmals gibst. Er soll verstehen, dass er beim ersten Mal gehorchen muss, deshalb sind Leckerlis am Anfang sinnvoll. Falls mehr als eine Minute nach dem Befehl vergeht, kannst du ihm erneut eins geben, aber achte darauf, dass dein Hund auf dich konzentriert ist und nicht abgelenkt wird.

Diese Übungseinheiten sollten nur etwa fünf Minuten dauern, und es wird eine Weile dauern, bis dein Hund es lernt, da du ihm beibringst, etwas zu ignorieren, was für ihn natürlich ist. Wenn er anfängt zu verstehen und wegschaut, wenn du „lass es" sagst, ohne lange zu schnüffeln, kannst du zu fortgeschritteneren Trainingsmethoden übergehen.

1. Halte deine Hand offen, damit dein Hund die Leckerlis sehen kann.

2. Sage „Lass es" wenn dein Hund Interesse zeigt (das wird wahrscheinlich fast sofort sein, besonders da du deine Hand nicht geschlossen hast, also sei vorbereitet).

   a. Mache eine Faust, wenn dein Hund weiter schnüffelt oder sich den Leckerlis in deiner Hand nähert.

   b. Gib deinem Hund ein Leckerli aus deiner anderen Hand, wenn er aufhört.

Wiederhole diese Schritte, bis dein Hund letztendlich aufhört, an den Leckerlis zu schnuppern. Wenn dein Hund das verstanden hat, gehe zur schwierigsten Version dieses Befehls über.

1. Lege ein paar Leckerlis auf den Boden oder zeige deinem Hund, wie du sie versteckst, und bleibe in der Nähe der Leckerlis.

2. Sage „Lass es", wenn dein Hund anfängt, sich für die Leckerlis zu interessieren.

   a. Lege eine Hand über die Leckerlis, wenn er nicht hört.

   b. Gib ihm ein Leckerli aus deiner Hand, wenn dein Hund gehorcht.

Von hier aus kannst du mit dem Training beginnen, während du weiter vom Leckerli entfernt stehst und dein Hund an der Leine ist, damit du ihn bei Bedarf stoppen kannst. Verwende dann andere Dinge, die dein Hund liebt, wie ein Lieblingsspielzeug oder ein verlockendes Leckerli, das du ihm normalerweise nicht gibst.

## „Aus"

Dies wird einer der schwierigsten Befehle sein, die du deinem Welpen beibringst, da er sowohl gegen seine Instinkte als auch gegen seine Interessen geht. Dein Welpe möchte alles behalten, was er hat, daher musst du ihm etwas Besseres anbieten. Es ist jedoch wichtig, den Befehl früh zu lehren, da dein Dackel in den ersten Tagen sehr zerstörerisch sich verhalten könnte. Außerdem kann dieser Befehl deinem Hund das Leben retten. Er neigt dazu, nach Dingen zu schnappen, die wie Futter aussehen, wenn ihr spazieren geht, und dieser Befehl wird ihn dazu bringen, alles potenziell Gefährliche fallen zu lassen, was er aufnimmt.

Beginne mit einem Spielzeug und einem Leckerli oder einem großen Leckerli, das dein Hund nicht in wenigen Sekunden fressen kann, wie zum Beispiel einen Kauknochen. Achte darauf, dass das Leckerli etwas ist, das dein Welpe nicht oft bekommt, damit er motiviert ist, das Spielzeug oder das große Leckerli fallen zu lassen.

1. Gib deinem Welpen das Spielzeug oder den großen Leckerbissen. Wenn du auch einen Klicker verwenden möchtest, kombiniere ihn mit dem besonderen Leckerchen, das du nutzen wirst, um deinen Welpen dazu zu bringen, das Leckerli fallen zu lassen.

2. Zeige deinem Welpen das tolle Leckerli.

3. Sage „Aus" und wenn er das Leckerli oder Spielzeug fallen lässt, lobe ihn und gib ihm das tolle Leckerli, während du das fallengelassene Leckerli oder Spielzeug aufhebst.

4. Wiederhole diese Übung direkt, nachdem dein Welpe den aufregenden Leckerbissen gefressen hat.

Du musst diesen Befehl auch Monate nach dem Erlernen weiter festigen, da er nicht instinktiv ist. Verwende Futter, das dein Hund fast unwiderstehlich findet. Dies ist einer der seltenen Fälle, in denen du Leckerlis einsetzen musst, da dein Welpe etwas braucht, um ein geliebtes Spielzeug oder, noch wichtiger, unerlaubtes Futter fallen zu lassen.

## „Ruhig"

Du musst sicherstellen, dass dein Welpe kein Ärgernis wird, besonders in einer Wohnung. Zu Beginn kannst du Leckerlis sparsam einsetzen, um Ruhe zu belohnen, wenn dein Welpe gerne Lärm macht.

1.   Wenn dein Welpe ohne ersichtlichen Grund

bellt, sage ihm, er soll ruhig sein, und lege ein Leckerli in seine Nähe. Der Hund wird sicherlich aufhören zu bellen, um am Leckerli zu schnüffeln.

2. Wenn dein Hund doch ruhig bleibt, sage „Braver Hund" oder „schön ruhig."

Es wird nicht lange dauern, bis dein Welpe versteht, dass „ruhig" kein Bellen bedeutet.

Wenn du möchtest, dass dein Dackel mehr als ein Wachhund agiert, musst du ihm zeigen, wann er bellen soll. Du kannst ihm beibringen, zu bellen, wenn jemand an der Tür ist (bitte einen Freund oder ein Familienmitglied um Hilfe, damit nicht bellt, wenn die Familie kommt). Bei dieser fortgeschrittenen Art des Trainings solltest du dir professionelle Unterstützung holen, da Dackel unterschiedlich reagieren. Ein Profi kann die Methode anpassen, um deinem Hund beizubringen, wann er an der Tür bellen soll. Ansonsten sollte dein Hund wissen, dass er nicht einfach so Vögel am Fenster oder Eichhörnchen im Garten anbellen soll.

# Wie geht es weiter?

Dackel sind eine Rasse, die sich recht leicht trainieren lässt, daher brauchst du deinen Hund vielleicht nicht zu Kursen zu bringen. Häufig verstehen sie, was du ihnen beibringen möchtest, und das geht ganz ohne fremde Hilfe. Trotzdem werden sie die zusätzliche Sozialisation genießen, wenn du sie an einem Welpen- oder Gehorsamkeits-Kurs teilnehmen lässt. Es ist eine sichere Umgebung und eine großartige Gelegenheit für euch beide zu lernen, und ein Experte ist da, um dir die besten Methoden zu zeigen, wie du deinem Hund das richtige Verhalten beibringen kannst.

## Welpenkurse

Welpen können bereits ab 6 Wochen in die Welpenschule gehen. Dies ist der Beginn des Gehorsamkeitstrainings, aber du musst aufpassen, wie dein Welpe mit anderen Hunden interagiert, bis er alle Impfungen erhalten hat. Sprich mit deinem Tierarzt darüber, wann ein guter Zeitpunkt für den Start der Kurse ist oder wann es zumindest sicher ist. Dein Tierarzt kann dir möglicherweise gute Welpentrainingskurse in deiner Nähe empfehlen.

Der Hauptzweck dieser Kurse ist die Sozialisation. Studien haben gezeigt, dass ein Drittel der Welpen in den ersten 20 Wochen ihres Lebens nur wenig Kontakt zu neuen Menschen und Hunden hat, was die Außenwelt beängstigender machen kann. Die Welpenkurse bieten dir und deinem Welpen die Möglichkeit, in einer streng kontrollierten Umgebung zu lernen, wie man andere Menschen und Hunde trifft. Hunde, die an diesen Kursen teilnehmen, sind viel freundlicher und weniger gestresst von Dingen wie großen Lastwagen, lauten Geräuschen und Besuchern. Sie sind auch weniger nervös oder leiden weniger unter Trennungsangst.

Es ist auch ein gutes Training für dich. In denselben Studien konnten Menschen, die an diesen Kursen teilnahmen, besser angemessen reagieren, wenn ein Welpe ungehorsam oder frech war. Die Kurse lehren dich, wie du deinen Welpen trainierst und mit seinem aufkommenden Eigensinn umgehst.

Viele Kurse helfen dir bei einigen Grundkommandos wie „Sitz" und „Platz". Suche nach einem Kurs, der auch auf Sozialisation fokussiert, damit dein Welpe das Beste aus dem Kurs herausholen kann.

## Gehorsamkeitstraining

Nachdem dein Welpe die Welpenschule abgeschlossen hat und die meisten Grundkommandos versteht, kannst du zu Kursen, die sich auf Gehorsamkeit spezialisieren, wechseln. Diese sind anspruchsvoller, aber für einen Dackel sollte das kein großes Problem sein. Manche Trainer bieten Gehorsamkeitstraining zu Hause an, aber es ist besser, einen Kurs zu finden, damit dein Hund weiterhin soziale Kontakte als Teil seiner Ausbildung hat. Wenn dein Welpe an Welpenkursen teilnimmt, können dir die Trainer die nächsten empfohlenen Kurse angeben. Hunde fast jeden Alters können Gehorsamkeitstraining besuchen, obwohl dein Hund alt genug sein sollte, um zuzuhören.

Gehorsamkeitstraining umfasst normalerweise Folgendes:

- Grundkommandos wie „Sitz", „Bleib", „Komm" und „Platz" beibringen oder festigen.

- Wie man an der Leine läuft, ohne zu ziehen.

- Wie du Menschen und Hunde richtig begrüßt, ohne auf sie zu springen.

Die Hundeschule ist genauso wichtig für dich wie für deinen Hund. Du lernst, wie du trainierst, während dein Hund grundlegende Befehle und Verhaltensweisen für alltägliche Aufgaben wie Begrüßungen und Spaziergänge erlernt. Die Kurse dauern normalerweise zwischen 7 und 10 Wochen.

Frage deinen Tierarzt nach Empfehlungen. Hat dein Tierarzt keine Tipps, dann nimm dir Zeit, gründlich nach passenden Optionen zu suchen. Achte dabei auf folgende Details bei der Bewertung von Trainern:

- Sind sie zertifiziert, insbesondere mit anerkannten deutschen Qualifikationen wie BHV-Hundetrainer, VDH-Trainer oder einer IBH-Zertifizierung?

- Wie viele Jahre trainieren sie schon Hunde?

- Haben sie Erfahrung mit der Ausbildung von Dackeln?

- Kannst du am Training teilnehmen? Wenn die Antwort „Nein" lautet, wähle diesen Trainer nicht. Du musst Teil des Trainings deines Hundes sein, da der Trainer die meiste Zeit im Leben deines Hundes nicht da sein wird. Dein Hund muss daher lernen, auf dich zu hören.

Gehorsamkeitstraining hilft nicht bei ernsthaften Verhaltensproblemen. Hat dein Hund Ängste, Depressionen oder andere ernsthafte Probleme, brauchst du einen Trainer, der deinem Hund dabei hilft, diese

Probleme zu bewältigen. Recherchiere gut, um sicherzustellen, dass der Trainer ein Experte ist und er sollte idealerweise Erfahrung mit intelligenten, willensstarken Hunden haben. Wenn möglich, finde jemanden, der Erfahrung mit Dackel hat.

Sobald dein Dackel die Grundkommandos beherrscht und im Gehorsamkeitstraining gut war, kannst du mit anderen, angenehmeren Übungen beginnen. Hat dein Dackel sich gut geschlagen, brauchst du keinen Trainer mehr, denn dein Hund wird dir zuhören. Mit einer soliden Basis an Befehlen und einem aktiven Interesse am Lernen kann dies eine gute Grundlage für fortgeschrittene Übungen oder Kommandos sein – solange dein Dackel interessiert ist. Zu diesem Zeitpunkt solltest du erkennen können, ob dein Hund interessiert ist, und du hast sicher eine bessere Vorstellung davon, ob du angesichts des Charakters deines Hundes schwierigere Trainings in Betracht ziehst.

## KAPITEL 12
# Ernährung

Dackel lieben Futter, aber ihre Mägen sind oft empfindlich. Die sensiblen Mägen sind ein Grund, warum du sehr darauf achten musst, was und wie viel dein Dackel frisst. Damit dein Hund gesund bleibt (und deiner Nase zuliebe), solltest du seine Ernährungsbedürfnisse sehr ernst nehmen. Hochwertiges Futter trägt dazu bei, dass dein Hund gesund und glücklich bleibt.

Da die Rasse zu Übergewicht neigt, musst du genau darauf achten, was dein Dackel frisst. Es kann schnell passieren, dass zu viele Leckerlis gegeben werden, besonders wenn jeder in deiner Familie den Hund „trainiert". Wenn alle es sich angewöhnen, mit Lob oder Spielzeug statt mit Leckerlis zu trainieren, werden das Gewicht und der Magen deines Hundes viel weniger problematisch sein. Da dein Hund immer in deiner Nähe ist, könntest du denken, dass es in Ordnung ist, ihm ab und zu eine Pommes zu geben. Doch wie du bald merken wirst, wird sein Magen wahrscheinlich nicht einverstanden sein. Außerdem möchtest du einem klugen Hund nicht beibringen, dass das Essen auf deinem Teller frei ver-

Foto: Mit Erlaubnis von
Sandra Mazzafera

fügbar ist, da dies einfach das Risiko erhöht, dass er lernt, Essen zu nehmen, wenn du es unbeaufsichtigt lässt.

# Warum eine gesunde Ernährung wichtig ist

Wenn du Dackel Futter versprichst, lassen sich die meisten Dackel zu
fast allem überreden, was in ihren Möglichkeiten liegt. Hier beginnt ihre
Liebe zum Futter und ihre kleine Körpergröße kann ihre Gesundheit sehr
beeinträchtigen. Alle Vorsichtsmaßnahmen zum Schutz des Rückens deines Hundes können durch ein zu hohes Gewicht deines Dackels zunichte
gemacht werden.

Du solltest ungefähr wissen, wie viele Kalorien, einschließlich Lek-
kerlis, dein Hund täglich zu sich nimmt. Gewöhne dich daran, deinen
Hund regelmäßig zu wiegen, damit du sein Gewicht im Blick hast – so bemerkst du, wenn er zunimmt. Du kannst auch Zuhause regelmäßige Ge-
wichtskontrollen durchführen, da Dackel auf Haushaltswaagen passen,

wobei du etwas kreativ sein musst (ohne deinen Hund hochzuheben), falls dein Dackel länger als deine Waage ist. Das hilft dir, rechtzeitig die Futtermenge anzupassen oder das Futter auf etwas Nährstoffreicheres, aber Kalorienärmeres umzustellen.

# Gefährliche Lebensmittel

Hunde können rohes Fleisch essen, ohne sich über die Probleme Gedanken machen zu müssen, die bei Menschen auftreten. Es gibt jedoch einige menschliche Nahrungsmittel, die für deinen Dackel tödlich sein könnten. Halte diese Lebensmittel von allen Hunden fern:

- Apfelkerne

- Schokolade

- Kaffee

- Gekochte Knochen (sie können einen Hund töten, wenn die Knochen im Maul oder Magen des Hundes splittern)

- Maiskolben (der Kolben ist tödlich für Hunde; Mais ohne Kolben ist unbedenklich)

- Weintrauben/Rosinen

- Macadamianüsse

- Zwiebeln und Schnittlauch

- Pfirsiche, Persimonen und Pflaumen

- Tabak (dein Dackel weiß nicht, dass es kein Futter ist und könnte es fressen, wenn es herumliegt)

- Xylit (ein Zuckerersatz in Süßigkeiten und Backwaren)

- Hefe

Neben diesen potenziell tödlichen Lebensmitteln gibt es eine lange Liste von Dingen, die dein Hund nicht fressen sollte. Das Canine Journal hat eine ausführliche Liste von Lebensmitteln (http://www.caninejournal.com/foods-not-to-feed-dog/), die vermieden werden sollten.

# Ernährung für Hunde

Die Ernährungsbedürfnisse eines Hundes unterscheiden sich erheblich von denen eines Menschen. Menschen sind eher Allesfresser und benötigen eine breitere Nährstoffpalette. Hunde sind größtenteils Fleischfresser, und Protein ist ein wichtiger Bestandteil ihrer Ernährung. Dennoch brauchen sie mehr als nur Protein, um gesund zu bleiben.

Die folgende Tabelle zeigt die wichtigsten Nährstoffbedürfnisse für Hunde.

| Nährstoff | Quellen | Welpe | Erwachsener |
|---|---|---|---|
| Protein | Fleisch, Eier, Sojabohnen, Mais, Weizen, Erdnussbutter | 22,0 % der Ernährung | 18,0 % der Ernährung |
| Fette | Fischöl, Leinsamenöl, Rapsöl, Schweinefett, Geflügelfett, Distelöl, Sonnenblumenöl, Sojaöl | 8,0 bis 15,0 % der Ernährung | 5,0 bis 15,0 % der Ernährung |
| Kalzium | Milchprodukte, tierisches Organgewebe, Fleisch, Hülsenfrüchte | 1,0 % der Ernährung | 0,6 % der Ernährung |
| Phosphor | Fleisch und Nahrungsergänzungsmittel für Haustiere | 0,8 % der Ernährung | 0,5 % der Ernährung |
| Natrium | Fleisch, Eier | 0,3 % der Ernährung | 0,06 % der Ernährung |

Die folgende Liste zeigt die restlichen Nährstoffe, die Hunde benötigen und sie alle machen weniger als 1 % der Ernährung eines Welpen oder erwachsenen Hundes aus:

- Arginin
- Histidin
- Isoleucin
- Leucin
- Lysin
- Methionin + Cystin
- Phenylalanin + Tyrosin
- Threonin
- Tryptophan
- Valin

● Chlorid

Am besten gibst du deinem Hund keine menschlichen Lebensmittel mit viel Natrium und Konservierungsstoffen.

Wasser ist absolut notwendig, um deinen Hund gesund zu halten. Achte darauf, dass immer Wasser im Napf ist, und überprüfe es mehrmals täglich, damit dein Hund nicht dehydriert.

## Proteine und Aminosäuren

Da Hunde Fleischfresser sind, ist Protein eines der wichtigsten Nährstoffe in der Ernährung eines gesunden Hundes (obwohl sie nicht annähernd so viel Fleisch essen sollten wie ihre nahen Wolfsverwandten; ihre Ernährung und Bedürfnisse haben sich stark verändert, seitdem sie Menschen begleiten). Proteine enthalten die notwendigen Aminosäuren, damit dein Hund Glukose produziert, die für seine Energie unerlässlich ist.

Ein Mangel an Protein in der Ernährung deines Hundes führt dazu, dass er lethargisch wird. Sein Fell könnte matt aussehen und er könnte wahrscheinlich Gewicht verlieren. Umgekehrt speichert der Körper deines Hundes überschüssiges Protein als Fett, was bedeutet, dass er zunehmen könnte.

Foto: Mit Erlaubnis von Mavourneen Smith

Fleisch ist normalerweise die beste Proteinquelle und wird empfohlen, da die Ernährungsbedürfnisse eines Hundes sich deutlich von denen eines Menschen unterscheiden. Es ist jedoch möglich, einen Hund vegetarisch zu ernähren, solange du sicherstellst, dass dein Hund das notwendige Protein aus anderen Quellen erhält, und du zusätzlich Vitamin D in sein Futter gibst. Wenn du planst, deinen Hund vegetarisch zu füttern, sprich zuerst mit deinem Tierarzt. Es ist äußerst schwierig, einem Fleischfresser mit einer vegetarischen Ernährung ausreichend Protein zu bieten, beson-

ders bei Welpen. Du musst viel Zeit in Recherche und Gespräche mit Ernährungsexperten investieren, um sicherzustellen, dass dein Hund die notwendigen Proteine erhält.

## Fett und Fettsäuren

Die meisten Fette, die dein Hund braucht, stammen aus Fleisch, aber auch Pflanzenöle können viele der notwendigen gesunden Fette liefern, wobei Erdnussbutter eine der häufigsten Quellen ist. Fette werden in Fettsäuren aufgespalten, die dein Hund für fettlösliche Vitamine benötigt, die bei normalen Zellfunktionen helfen. Der offensichtlichste Vorteil von Fetten und Fettsäuren zeigt sich im Fell deines Hundes, das viel gesünder aussieht und sich anfühlt, wenn er die richtigen Nährstoffe bekommt.

Es gibt verschiedene gesundheitliche Probleme, wenn dein Hund nicht genügend Fette in seiner täglichen Ernährung erhält.

- Sein Fell könnte weniger gesund aussehen.
- Seine Haut könnte trocken und juckend sein.
- Sein Immunsystem könnte geschwächt sein, was es deinem Hund anfälliger für Krankheiten machen könnte.
- Er könnte ein erhöhtes Risiko für Herzerkrankungen haben.

Bei einer zu hohen Fetteinnahme ist das Hauptproblem die Gewichtszunahme und Fettleibigkeit, was zusätzliche Gesundheitsprobleme verursachen kann. Bei Rassen, die zu Herzproblemen neigen, solltest du besonders darauf achten, dass dein Hund die richtige Menge an Fetten in seiner Ernährung erhält. Schätzungsweise 18 % der Dackel haben Herzprobleme.

## Kohlenhydrate und gekochtes Futter

Hunde leben seit Jahrtausenden mit Menschen zusammen, daher haben sich ihre Ernährungsbedürfnisse ähnlich entwickelt. Sie können kohlenhydrathaltige Nahrung aufnehmen, um die Energie aus Proteinen und Fetten zu ergänzen. Wenn du Getreide (wie Gerste, Mais, Reis und Weizen) vor dem Füttern kochst, kann dein Hund diese komplexen Kohlenhydrate leichter verdauen. Das solltest du beachten, wenn du überlegst, welches Futter du deinem Hund gibst. Es ist besser, Trockenfutter zu wählen, das Fleisch statt Getreide enthält; auch wenn dein Hund Getreide verdauen kann, erhält es nicht so viel Nährwert wie Futter mit echtem Fleisch.

## Unterschiedliche Ernährungsbedürfnisse in Verschiedenen Lebensphasen

*„Achte darauf, deinen Dackel nicht zu überfüttern. Die meisten müssen mit etwa 8 Monaten von Welpenfutter auf Erwachsenenfutter umsteigen, sonst neigen sie dazu, zu viel an Gewicht zuzulegen. Halte sie schlank, aber gut genährt. Du solltest ihre Rippen fühlen können, aber nicht sehen."*

**Shona Malapelli**
*Malapelli's Minions Miniature Dachshunds*

Verschiedene Lebensphasen eines Hundes haben unterschiedliche Ernährungsbedürfnisse:

- Welpen
- Erwachsene

● Senioren-Hunde

## Welpenfutter

Hundefutterhersteller produzieren aus gutem Grund eine ganz andere Art von Futter für Welpen – ihre Ernährungsbedürfnisse unterscheiden sich erheblich von denen erwachsener Hunde. In den ersten 12 Monaten wachsen die Körper der Welpen. Für ihre Gesundheit benötigen sie mehr Kalorien und andere Nährstoffe, um das Wachstum zu fördern.

## Erwachsenenfutter

Der Hauptunterschied zwischen Welpenfutter und Futter für ausgewachsene Hunde liegt darin, dass Welpenfutter mehr Kalorien und Nährstoffe enthält, die das Wachstum fördern. Hersteller reduzieren diese Nährstoffe im Futter für erwachsene Hunde, da sie kein Wachstum mehr unterstützen müssen. Im Allgemeinen solltest du auf Erwachsenenfutter umstellen, wenn dein Hund etwa 90 % seiner erwarteten Endgröße erreicht hat.

Die Größe deines Hundes ist entscheidend, um festzulegen, wie viel er gefüttert werden sollte. Die folgende Tabelle gibt eine allgemeine Empfehlung, wie viel du deinem erwachsenen Dackel täglich füttern solltest. Anfangs könntest du dich auf die Kalorien konzentrieren, um das richtige Gleichgewicht für deinen Hund zu finden.

| Hundgröße | Kalorien |
|---|---|
| 4,5 kg | 420 während der warmen Monate<br>630 während der kalten Monate |
| 9 kg | 650 im Sommer<br>1.000 im Winter |
| 13,6 kg | 900 während heißer Monate<br>1.400 während kalter Monate |

Beachte, dass kein Dackel mehr als 900 Kalorien in den heißen Monaten benötigt und selbst bei Kälte weniger als 1.500. Das ist nicht viel Futter, deshalb ist es wichtig, genau auf die Kalorienzufuhr zu achten, damit dein Hund ein gesundes Gewicht hält. Diese Skala gilt für das Idealgewicht eines Hundes. Wenn dein Hund übergewichtig ist, frage den Tierarzt, wie viel du ihm täglich füttern solltest.

*Foto: Mit Erlaubnis von Thomas Gaudet & Makenzie Carty*

Denke daran, dass diese Empfehlungen pro Tag gelten, nicht pro Mahlzeit. Egal ob du deinen Hund einmal oder mehrmals täglich fütterst, messe die Futtermenge genau ab, um die tägliche Empfehlung nicht zu überschreiten.

Wenn du Nassfutter hinzufügst, achte auf die gesamte Kalorienaufnahme und passe die Mengen von Trocken- und Nassfutter an. Die Kalorien aus Trocken- und Nassfutter sollten ausgeglichen sein, um den Bedarf deines Hundes nicht zu überschreiten. Gleiches gilt, wenn du deinem Hund viele Leckerlis über den Tag gibst. Diese Kalorien solltest du bei den Mahlzeiten berücksichtigen.

Falls du selbstgemachtes Futter geben möchtest, informiere dich über Ernährung und achte besonders auf Kalorien und nicht auf Tassengröße.

## Das Senior-Hundefutter

Ältere Hunde können oft nicht mehr so aktiv sein wie in ihren jüngeren Jahren. Wenn du bemerkst, dass dein Hund langsamer wird oder nicht mehr lange Spaziergänge machen kann wegen Gelenkschmerzen oder mangelnder Ausdauer, ist das ein Zeichen dafür, dass er ins Seniorenalter kommt. Sprich mit deinem Tierarzt, wenn du denkst, dass es Zeit ist, das Futter deines Hundes zu ändern.

Der Hauptunterschied zwischen Futter für ausgewachsene und ältere Hunde ist, dass Senior-Hundefutter weniger Fett und mehr Antioxidantien enthält, um die Gewichtszunahme zu vermeiden. Ältere Hunde brauchen auch mehr Protein, was deinem Hund wahrscheinlich gefällt, da es meist mehr Fleischgeschmack hat. Protein hilft, die alternden Muskeln deines Hundes zu erhalten. Er sollte in seinen besten Jahren weniger Phosphor zu sich nehmen, um das Risiko einer Hyperphosphatämie zu vermeiden. Dies ist eine Erkrankung, bei der Hunde übermäßig viel Phosphor im Blut haben, und ältere Hunde sind stärker gefährdet. Phosphor findet sich hauptsächlich in Knochen und unterstützt die Muskelkontraktion und Nervenfunktionen. Die Nieren regulieren den Phosphorgehalt im Körper. Erhöhte Phosphorwerte weisen daher meist auf ein Nierenproblem hin.

Senior-Hundefutter hat die richtige Kalorienzahl für die reduzierte Aktivität, sodass du die Futtermenge normalerweise nicht anpassen musst, es sei denn, du bemerkst eine Gewichtszunahme. Konsultiere deinen Tierarzt, bevor du die Futtermenge änderst oder wenn du feststellst, dass dein Hund zunimmt. Dies könnte nämlich auf eine Alterskrankheit hinweisen.

# Futteroptionen für deinen Hund

Du hast drei grundlegende Optionen, mit denen du deinen Hund füttern kannst, oder du kombinierst sie je nach deiner Situation und den speziellen Bedürfnissen deines Hundes:

- Kommerzielle Nahrung
- Rohfutter
- Selbstgemachte Ernährung

### Kommerzielle Nahrung

Achte darauf, dass du das beste Hundefutter kaufst, das du dir leisten kannst. Nimm dir Zeit, um die Optionen zu recherchieren, besonders den Nährwert des Futters, und mache dies zu einer jährlichen Aufgabe. Du musst sicherstellen, dass das Futter, das du deinem Hund gibst, hochwertig ist. Berücksichtige immer die Größe, die Energielevel und das Alter deines Hundes. Dein Welpe braucht vielleicht nicht so lange Welpenfutter wie andere Rassen und Seniorenfutter ist möglicherweise nicht die beste Wahl für deinen älteren Dackel.

Fressnapf bietet mehrere großartige Artikel darüber, welche kommerziellen Hundefutter für Dackel geeignet sind. Da häufig neue Futtersorten auf den Markt kommen, schau gelegentlich nach, ob es neuere, bessere Optionen gibt. Da du auf das Gewicht deines Dackels achten musst, lohnt es sich, zu überprüfen, ob du ihm das qualitativ beste Futter gibst.

Wenn du dir nicht sicher bist, welche Marke die beste ist, sprich mit dem Züchter über seine Empfehlungen. Züchter sind hier die besten Ratgeber, da sie Experten für die Rasse sind, aber du kannst auch deinen Tierarzt fragen, da sie wahrscheinlich Erfahrung mit Dackeln haben.

Manche Hunde sind wählerisch und können das gleiche Futter schnell satt haben. So wie du deine Mahlzeiten variierst, kannst du auch das Futter deines Dackels ändern. Während du die Marke nicht häufig wechseln solltest, kannst du verschiedene Geschmacksrichtungen wählen. Du kannst den Geschmack auch ändern, indem du etwas Nassfutter hinzufügst. Dies ist eine einfache Änderung, indem du deinem Hund bei jeder Mahlzeit eine andere Dose Nassfutter gibst (in der Regel etwa 1/4 bis 1/3 der Dose, je nach Größe deines Hundes).

Für mehr Details zu kommerziellen Optionen, schau bei Futtermedicus oder auf den Verbraucherseiten des TÜV SÜD vorbei. Diese deutschen Portale bieten Bewertungen von verschiedenen Marken und informieren über Rückrufaktionen und Kontaminationsprobleme.

**Kommerzielles Trockenfutter**

Trockenfutter wird oft in Säcken verkauft und die meisten Menschen füttern es ihren Hunden.

Wenn du bequem bist oder dein Budget schonen willst, entscheidest du dich sicherlich für den Kauf von Trockenfutter für deinen Hund. Das ist völlig in Ordnung, und die meisten Hunde werden sehr gerne Trockenfutter fressen. Achte nur darauf, welche Marke du deinem Hund gibst, und beobachte Rückrufe von Trockenfutter, um sicherzustellen, dass du das Futter deines Hundes bei Bedarf wechselst. Besuche regelmäßig die folgenden Websites, um sicherzugehen, dass das Futter deines Hundes nicht zurückgerufen wurde:

- Rückrufe von Hundefutter – Hundefutter-Berater
- Verband für das Deutsche Hundewesen (VDH)

# Trockenfutter

| VORTEILE | NACHTEILE |
|---|---|
| • Bequemlichkeit | • Erfordert Recherche, um sicherzustellen, dass du kein minderwertiges Hundefutter kaufst |
| • Abwechslung | |
| • Verfügbarkeit | |
| • Erschwinglichkeit | • Verpackungen sind nicht immer ehrlich |
| • Hersteller folgen Ernährungsempfehlungen | • Rückrufe wegen Lebensmittelverunreinigung |
| • Speziell formuliert für verschiedene Lebensphasen von Hunden | • Lockere FDA-Ernährungsrichtlinien |
| • Kann fürs Training verwendet werden | • Hundefutter minderer Qualität kann fragwürdige Inhaltsstoffe enthalten |
| • Einfach zu verstauen | |

## Kommerzielles Nassfutter

Die meisten Hunde bevorzugen Nassfutter gegenüber Trockenfutter, aber es ist auch teurer. Nassfutter kann in größeren Packungen gekauft werden, die sich sehr leicht lagern lassen.

Genauso wie Trockenfutter ist Nassfutter praktisch, und wählerische Hunde fressen es eher als Trockenfutter. Wenn dein Hund krank wird, ist es besser, ihm Nassfutter zu geben, damit er täglich die nötige Ernährung bekommt. Es kann schwieriger sein, wieder auf Trockenfutter umzustellen, wenn er gesund ist, aber du kannst immer ein wenig Nassfutter hinzufügen, um jede Mahlzeit schmackhafter zu machen.

### Rohfütterung

Für Hunde wie Dackel, die an Futtermittelallergien leiden, können Rohkostdiäten helfen, allergische Reaktionen auf Weizen und verarbeitete Lebensmittel zu vermeiden. Rohkostdiäten bestehen hauptsächlich aus rohem Fleisch, Knochen, Gemüse und speziellen Ergänzungsmitteln. Einige Vorteile einer Rohkostdiät sind:

• Verbesserung des Fells und der Haut deines Hundes

• Verbesserung des Immunsystems

• Verbesserung der Gesundheit (durch bessere Verdauung)

# Nasses Hundefutter

| VORTEILE | NACHTEILE |
|---|---|
| • Hilft, Hunde hydriert zu halten | • Hundenäpfe müssen nach jeder Mahlzeit gewaschen werden |
| • Hat einen intensiveren Duft und Geschmack | • Kann den Stuhlgang weicher machen |
| • Leichter zu fressen für Hunde mit Zahnproblemen oder wenn ein Hund krank war | • Kann unordentlicher sein als Trockenfutter |
| • Praktisch und einfach zu servieren | • Sobald geöffnet, ist die Haltbarkeit sehr kurz |
| • Ungeöffnet kann es zwischen 1 und 3 Jahren haltbar sein | • Teurer als Trockenfutter und in kleinen Mengen erhältlich |
| • Ausgewogen gemäß aktuellen Empfehlungen zur Tierernährung | • Rückrufaktionen bei Lebensmittelkontamination |
| | • lockere FDA-Vorschriften |

- Steigerung der Energie

- Erhöhung der Muskelmasse

Rohkost-Diäten sollen deinem Hund die Art von Nahrung geben, die er vor der Domestizierung gefressen hat. Das bedeutet, deinem Hund rohes Fleisch, ganze (ungekochte) Knochen und etwas Milchprodukte zu geben. Es beinhaltet keinerlei verarbeitete Lebensmittel – nicht einmal Essen, das du in deiner Küche gekocht hast.

Es gibt potenzielle Risiken bei dieser Diät. Hunde sind seit Jahrtausenden domestiziert, und ihr Verdauungssystem hat sich entsprechend entwickelt. Sie wieder auf die alte Ernährungsweise umzustellen, funktioniert nicht immer, da sie es möglicherweise nicht mehr vollständig verdauen können. Außerdem gibt es viele Gefahren bei der Fütterung mit rohem Futter, besonders wenn es kontaminiert ist. Bakterien stellen ein ernsthaftes Risiko dar und können auf dich übertragen werden, wenn dein Hund krank wird. Viele Mediziner warnen auch vor den Gefahren, Hunden Knochen zu geben, selbst wenn sie roh sind. Knochen können im Maul deines Hundes splittern und die Speiseröhre oder den Magen verletzen.

Die Zeitschrift „Hunde-Welt" oder das „Partner Hund Magazin" bieten viele Informationen über die Rohkost-Diät, einschließlich Tipps zur

Umstellung deines Hundes auf diese Diät und sie beinhalten verschiedene Rezepte für deinen Hund.

**Selbstgemachte Mahlzeiten**

Wenn du regelmäßig dein eigenes Essen frisch zubereitest, dauert es wirklich nicht viel länger, eine ebenso gesunde Mahlzeit für deinen Hund bereitzustellen. Achte darauf, welche Lebensmittel dein Dackel auf keinen Fall essen darf, und mische etwas von deinem Essen in die Mahlzeit deines Dackels. Füge einfach etwas mehr von dem hinzu, was dein Dackel braucht. Auch wenn deine und die Ernährungsbedürfnisse deines Dackels unterschiedlich sind, kannst du das Essen so anpassen, dass es auch die Nährstoffe für deinen Hund enthält.

Füttere deinen Dackel nicht direkt von deinem Teller. Teile das Essen und gib die Mahlzeit deines Hundes in einen Napf, damit dein Vierbeiner versteht, dass dein Essen nur für dich ist. Die besten hausgemachten Mahlzeiten sollten im Voraus geplant werden, um die richtige Nährstoffbalance für deinen Dackel zu gewährleisten.

Typischerweise sollten 50 % des Futters deines Hundes aus tierischem Eiweiß bestehen (Fisch, Geflügel und Innereien). Etwa 25 % sollten komplexe Kohlenhydrate sein. Die restlichen 25 % sollten aus Obst und Gemüse stammen, insbesondere aus Kürbis, Äpfeln, Bananen und grünen Bohnen. Diese Lebensmittel verleihen zusätzlichen Geschmack, den dein Dackel wahrscheinlich lieben wird, und sie sorgen dafür, dass er sich schneller satt fühlt, was das Risiko von Überfressen verringert.

# Fütterungsplan

Dein Dackel wird wahrscheinlich erwarten, dass du einen Zeitplan einhältst, und das schließt die Fütterungszeiten definitiv mit ein. Diese Rasse hat kein Problem damit, dir mitzuteilen, dass du mit dem Futter zu spät bist. Wenn du von Anfang an Leckerlis und Snacks als normal etablierst, wird dein Hund glauben, dass Leckerlis ebenfalls zum Alltag gehören und sie auch erwarten.

# Lebensmittelallergien und -unverträglichkeiten

Wenn du deinem Hund ein neues Hundefutter gibst (auch wenn es die gleiche Marke ist, aber ein anderer Geschmack), solltest du ihn beobachten, während er sich daran gewöhnt. Nahrungsmittelallergien sind ziemlich häufig, daher musst du auf die Symptome achten. Bei Hunden zeigen sich solche Allergien oft als Hotspots, ähnlich wie Hautausschläge bei Menschen. Dein Hund könnte anfangen, sich an bestimmten Stellen an seinem Körper zu kratzen oder zu knabbern. An diesen Stellen könnte das Fell ausfallen.

Manche Hunde haben keinen einzelnen Hotspot, sondern die Allergie zeigt sich auf dem gesamten Fell. Wenn dein Dackel mehr Haare verliert als normal, bringe ihn zum Tierarzt, um ihn auf Nahrungsmittelallergien untersuchen zu lassen. Falls du deinem Hund etwas gibst, das sein Magen nicht verträgt, wird es offensichtlich, wenn er seine Verdauung nicht kontrollieren kann. Ist er schon stubenrein, wird er wahrscheinlich hecheln oder winseln, um dir zu signalisieren, dass er raus muss. Ignoriere diese Signale nicht. Bringe ihn so schnell wie möglich nach draußen, damit kein Missgeschick passiert. Blähungen treten wahrscheinlich häufiger auf, wenn dein Dackel eine Futterunverträglichkeit hat.

Da die Symptome von Nahrungsmittelallergien und -unverträglichkeiten ähnlich wie die Reaktion auf Nährstoffmängel sein können (insbesondere ein Mangel an Fetten in der Ernährung), solltest du den Tierarzt aufsuchen, wenn dir Probleme mit dem Fell oder der Haut an deinem Hund auffallen.

# KAPITEL 13
# Dein liebevoller und treuer Welpe spielt für sein Leben gern

*„Dackel nehmen leicht zu, daher ist tägliche Bewegung ein Muss."*

**Kim Gillet**
*Cameo Dachshunds*

Dackel sind sehr treue, liebevolle und niedliche Hunde, was alles gute Gründe für ihre Beliebtheit sind. Wegen ihrem großem Energievermögen bedeutet dies, dass du viele Spiele parat haben solltest. Glücklicherweise brauchen sie aufgrund ihrer Größe nicht jeden Tag stundenlange Bewegung.

Sie sind vielleicht nicht ganz so spaßig wie Möpse und Boston Terrier, aber sie sind intelligenter, was bedeutet, dass du sie in komplexere Spiele einbeziehen kannst. Manche Dackel lieben Tricks, andere bevorzugen Spiele. Bestechung ist eine Möglichkeit, sie zu Tricks zu bewegen – Futter wirkt erstaunlich gut, also setze es sparsam ein. Zum Glück ist Lob auch ziemlich effektiv. Dackel lieben es einfach, bei ihren Menschen zu sein, und ihnen die Gelegenheit zu geben, ihren Kopf zu benutzen, ist fast immer willkommen.

Meistens wird den Hundebesitzern gesagt, sie sollen bestimmte Verhaltensweisen bei ihren Hunden abtrainieren, aber das ist nicht immer nötig. Dackel haben viele potenziell unerwünschte Verhaltensweisen, wie Jagen und Graben. Statt ihnen das abzugewöhnen, kannst du ihre Instinkte nutzen, um sie und dich zu unterhalten.

Dieses Kapitel behandelt viele verschiedene Spiele und Aktivitäten, die du mit deinem Dackel genießen kannst, um ihre Stärken und natürlichen Fähigkeiten optimal zu nutzen.

Foto: Mit Erlaubnis von Gabrielle Lemos

# Bewegungsbedarf

Wenn du einen Dackel in dein Zuhause bringst, verpflichtest du dich zu täglicher Bewegung, selbst wenn er noch ein Welpe ist. Hunde wollen nicht unartig sein, aber bei Langeweile ist Unfug vorprogrammiert. Zum Glück ist es bei ihrer Größe ziemlich einfach, für genug Bewegung zu sorgen, sodass es unwahrscheinlich ist, dass deine Möbel zerstört werden, wenn du deinen Hund allein lässt.

Gewichtsprobleme hängen direkt mit Bewegungsmangel zusammen. Wenn dein Hund zunimmt, ist das ein Zeichen dafür, dass er nicht genug Aktivität bekommt. Glücklicherweise lässt sich das Problem leicht beheben. Es gibt viele Möglichkeiten, sicherzustellen, dass dein Hund genug Bewegung bekommt – es ist viel einfacher (und gesünder), mehr mit ihm zu unternehmen, als nur Kalorien zu zählen.

Foto: Mit Erlaubnis von
Sami Bain

Foto: Mit Erlaubnis von Erin Green

# Vielseitige, einfache Aktivitäten

Ihr Aussehen und ihre neugierige Persönlichkeit machen Dackel zu einer beliebten Rasse. Sie lieben es, neue Gebiete zu erkunden. Je mehr verschiedene Aktivitäten du mit deinem Hund unternimmst, desto glücklicher werdet ihr beide sein. Vergiss nicht, genügend Wasser mitzunehmen und deinen Hund vor Hitze zu schützen.

## Spiele im Freien

Obwohl du auf ihren Rücken achten solltest, sind Dackel recht robuste Hunde, die es lieben, draußen zu laufen und zu spielen. Dein kleiner Kerl wird es genießen, bei schönem Wetter herumzutollen. Spiele wie Frisbee und Apportieren sind ideal, um deinen Hund zu ermüden, während du selbst wenig Energie aufwenden musst. Du solltest Scheiben und Bälle besorgen, die sanft zu den Zähnen deines Hundes sind.

## Agility-Training

Agility-Training ist besser bekannt als Hindernisparcours und es ist eine großartige Möglichkeit, deinen erwachsenen Hund glücklich und in Bewegung zu halten. Du führst deinen Hund durch den Parcours, was

Foto: Mit Erlaubnis von Meg Giger

nicht nur eure Bindung stärkt, sondern ihm auch hilft, sich draußen wohler zu fühlen. Da du die Kontrolle hast und dein Hund anfangs wahrscheinlich verwirrt sein wird, sei darauf vorbereitet, dich anfangs ein wenig komisch zu fühlen. Wichtig ist, dass ihr Spaß habt und dein Hund aufmerksam bleibt – das ist der Schlüssel zum Erfolg.

Empfohlen sind zwei bis drei Stunden pro Woche, wobei eine Stunde für einen wöchentlichen Kurs eingeplant werden sollte. Je mehr du zu Hause trainierst, desto besser wird dein Hund bei dieser Sportart abschneiden.

## Jagen

Da Dackel ursprünglich gezüchtet wurden, um zu jagen und zu fangen, ist dieses Spiel perfekt für deinen kleinen, sportlichen Wursthund. Lass die überschüssige Energie los und zeige deinem Hund, was er jagen darf. Es erfordert etwas Vorbereitung, aber es lohnt sich. Besorge dir ein Nylonseil und befestige es an dem Spielzeug, das du für das Spiel nutzen möchtest. Alternativ kannst du ein Spielzeug mit bereits befestigtem Seil wählen, um dir die Vorbereitung zu sparen. Ziehe das Spielzeug hinter dir her, ähnlich wie man die Aufmerksamkeit einer Katze erregt. Es dauert nicht lange, bis dein Welpe versteht, was du vorhast, und beginnt, dir und dem Spielzeug nachzujagen. Wenn dein Dackel das Spielzeug fängt, halte an und lobe den kleinen Kerl für seine gute Leistung. Du möchtest nicht, dass es in ein Tauziehen ausartet, also solltest du stoppen, wenn dein Dackel das Spielzeug fängt. Nach einiger Übung wird dein Hund so gut sein, dass du das Spielzeug um dich herum schwingen kannst, während du sitzt (sei sehr vorsichtig, um deinen Hund oder andere nicht zu treffen) und lasse deinen Dackel sich bewegen. Er wird nicht müde, wenn er im Kreis läuft, bis du aufhörst. Wenn du drinnen spielst, achte darauf, dass es nichts gibt, woran dein Hund anstoßen könnte, damit er sich nicht verletzt.

## Graben

Dackel davon abzugewöhnen nicht zu graben, ist wie einem Retriever das Balljagen auszureden – es ist nahezu unmöglich. Anstatt zu versuchen, deinem Hund etwas abzugewöhnen, was er vermutlich sowieso tun wird, wenn er ein paar Sekunden allein im Garten ist, kannst du ihm einen Bereich einrichten, in dem er seinem Grabinstinkt folgen kann. Dazu kannst du Sand oder Mulch in einem Bereich fernab von Zäunen oder Hausgrenzen aufschütten und deinem Hund erlauben, das zu tun, was er liebt.

Um deinen Hund zu ermutigen, nur dort zu spielen, kannst du Spielzeug vergraben und ihn dabei beobachten, wie er es findet. Das wird ihn geistig stimulieren und körperlich ermüden, sodass du das Spiel mit einer schönen Bauchmassage und etwas Ruhe beenden kannst.

Wenn es einen regnerischen oder kalten Tag gibt, kannst du drinnen eine kleine Kissenburg aufbauen und das Spielzeug darin verstekken. Dein Hund wird riesigen Spaß haben, und du wirst wahrscheinlich herzhaft lachen über das begeisterte Suchen nach dem Spielzeug.

## Apportieren

Dackel sind begeistert davon, etwas zu verfolgen, was du wirfst, weil sie auf deine freudige Reaktion zurückkommen. Das macht Spaß und das Hinterherjagen des Balls ist ideal, um deinen Hund auszupowern. Dackel neigen auch dazu, Dinge zurückzubringen, da sie von Natur aus Jäger sind.

Vielleicht ist es besser, wenn du das Apportieren lieber draußen machst, besonders wenn du Kinder hast, damit nichts im Haus kaputtgeht. Achte darauf, nie nachzugeben und an einem Regentag drinnen zu

Foto: Mit Erlaubnis von
Angela Gaines

spielen, da dein Dackel sonst lernt, dass er dich mit den richtigen Takti-
ken überzeugen kann.

## Spielzeit! Und noch mehr Spielzeit!

*„Dackel brauchen nicht viel Bewegung, um glücklich zu sein, aber sie*
*brauchen sie, um ihr Gewicht zu halten. Apportieren und Spaziergänge*
*sind tolle Möglichkeiten, sie zu beschäftigen und sie fit zu halten."*

**Elizabeth Bender**
*BenderDachs*

Nur weil das Wetter draußen schlecht ist, heißt das noch lange nicht,
dass der Energielevel deines Hundes niedriger ist oder dass es Langeweile gibt. Du solltest also den Bewegungsplan deines Hundes konsequent einhalten, auch wenn ihr im Haus festsitzt. Wenn du deinen Hund
im Schnee im Garten spielen lassen kannst, ist das natürlich großartig,
denn er kann sich in seiner Aufregung auspowern. Bei Regen oder Hitze

musst du passende Aktivitäten finden, um deinen Hund drinnen zu beschäftigen. Hier sind einige Alternativen, um die überschüssige Energie deines Dackels abzubauen:

1. Wenn du kein Spielzeug für das Apportieren verwenden möchtest, kannst du versuchen, deinen Dackel einem Laserpointer hinterherjagen zu lassen. Das kann funktionieren oder auch nicht, da dein Dackel eventuell merkt, dass er es nicht fangen kann. Wenn es ihm jedoch nichts ausmacht, ist es eine großartige Möglichkeit, an regnerischen oder kalten Tagen Energie loszuwerden.

2. Verstecken ist ein Spiel, das du spielen kannst, sobald dein Hund gutes Benehmen im Haus gelernt hat, egal ob er dich oder ein verstecktes Lieblingsspielzeug finden soll.

3. Intelligenzspielzeuge sind eine tolle Möglichkeit, deinen Hund zu beschäftigen, ohne dass du viel tun musst. Viele Spiele enthalten Leckerlis, und bei Dackeln dauert es nicht lange, bis sie herausfinden, wie sie an das Futter im Spielzeug kommen. Sorge also dafür, dass du verschiedene Spielzeuge im Spiel wechselst. Nutze diese Art von Spielzeug sparsam, um zusätzliche Kalorien zu vermeiden.

4. Die Suche nach Leckerli kannst du einfach drinnen machen und es wird deinen Hund begeistern. Mit Dackeln kannst du ein Spiel spielen, das sich auf Jagen und Sammeln konzentriert, da sie dafür gezüchtet wurden – Wild aufspüren und sicher nach Hause bringen. Dein Hund kann so überschüssige Energie loswerden und sein cleveres Köpfchen anstrengen. Zeig ihm einfach, dass du ein Leckerli hast, und lass ihn zusehen, wie du es versteckst. Natürlich wird er es schnell finden und du solltest ihn dafür ausgiebig loben. Nach ein paar Malen lass jemand anderes deinen Hund ablenken, während du das Leckerli versteckst, das du ihm gerade gezeigt hast. Das hilft deinem Dackel, den Sinn des Spiels zu verstehen, und es wird wahrscheinlich zu seinem Lieblingsspiel. Da du mit Futter vorsichtig sein musst, kannst du das Leckerli gegen etwas wie eine alte Socke oder einen Schuh austauschen – etwas, das einen starken Geruch hat und dessen Zerkauen beim Spiel dir nichts ausmacht. Du kannst Dackel sogar beibringen, den Gegenstand zu erkennen, indem du immer den Namen sagst, wenn du ihn zum Schnüffeln hochhältst.

# KAPITEL 14
# Pflege – Zeit für gemeinsame Bindung

*„Sowohl Langhaar- als auch Kurzhaardackel haaren. Rauhaardackel und andere rauhaarige Hunde haaren hingegen nicht. Die Pflege eines Kurzhaardackels ist einfach: Regelmäßige Bäder und Bürsten entfernen die kurzen, steifen Haare, bevor sie ausfallen. Mit einer Zupfbürste beim Langhaar entfernst du die Unterwolle und Schuppen und reduzierst das Haaren erheblich. Baden und ein leichter Conditioner halten das Fell glänzend.“*

**Elizabeth Bender**
*BenderDachs*

Bei der Fellpflege ist es beim Dackel eher unkompliziert. Je nach Felltyp deines Dackels brauchst du keinen professionellen Hundefrisör, es sei denn, du hast einen Langhaardackel und möchtest sein Fell stylen lassen. Der klassische Kurzhaardackel gehört zu den pflegeleichtesten Hunden. Rauhaarige Felle sind etwas anspruchsvoller, aber immer noch leicht zu handhaben.

Sei dir bewusst, dass viele Dackel es oft nicht mögen, gepflegt zu werden. Wenn du deinen Welpen davon überzeugen kannst, es zu genießen, wirst du später weniger Probleme damit haben, wenn er erwachsen ist. Mit der Zeit wird es einfacher, da er die zusätzliche Aufmerksamkeit schätzen wird.

Das Schneiden der Krallen deines Dackels könnte ein weiteres Problem sein. Da sie oft dunkles bis schwarzes Fell an den Pfoten haben und diese so klein sind, solltest du zunächst einen Profi aufsuchen, zumindest bis du gelernt hast, wie du seine Krallen schneiden kannst.

Dieses Kapitel bietet eine Grundlage, um sicherzustellen, dass das Fell deines Dackels sauber und gesund ist. Du kannst jedoch gerne online oder anderswo nach zusätzlichen Möglichkeiten suchen, um das Fell deines Hundes zum Glänzen zu bringen, wenn du Zeit für zusätzliche Pflege hast.

## Pflegezubehör

Zur Pflege deines Dackels brauchst du nicht viele Werkzeuge. Stelle sicher, dass du die folgenden Dinge bereit hast, bevor dein Welpe oder erwachsener Hund ankommt:

- Du musst die Art der Bürste an den Felltyp deines Dackels anpassen:
  - Für kurzhaarige Dackel ist eine weiche Borstenbürste am besten.
  - Für langhaarige Dackel eignet sich eine Zupfbürste gut. Danach solltest du mit einer Borstenbürste nachbürsten. Die Pflege des Fells deines langhaarigen Hundes dauert länger, da es besonders um die Ohren leicht verfilzt.
  - Für Rauhaardackel ist eine kurzborstige Drahtbürste am besten.
  - Für jeden Felltyp kannst du auch eine Gummibürste oder einen Handschuh verwenden, damit es sich eher wie Streicheln anfühlt. Bei einem rauhaarigen Dackel solltest du darauf achten, die empfohlene Bürste im Frühling und Herbst zu benutzen, wenn die langhaarigen Rassen mehr Haare verlieren.

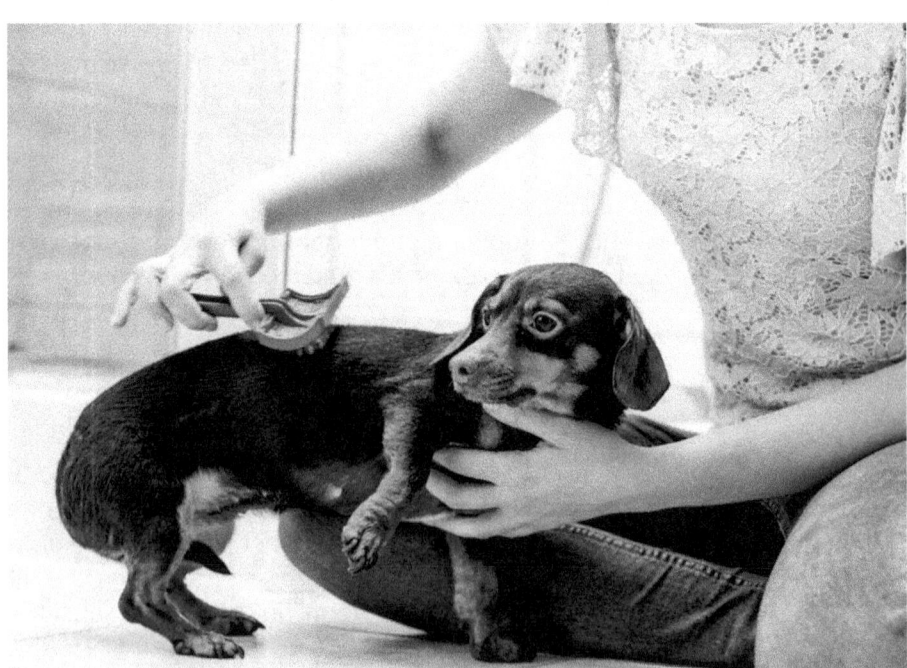

- Shampoo (sieh dir Fressnapf und Futterhaus für die neuesten Empfehlungen für eine Rasse mit möglichen Hautproblemen an) – verwende mildes Hundeshampoo.

- Krallenschneider

- Zahnbürste und Zahnpasta – verwende Zahnpasta, die speziell für Hunde gemacht ist.

# Fellpflege

Obwohl Dackel Haare verlieren, gelten sie als mäßige Haarverlierer. Es gibt Unterschiede je nach Felltyp, aber aufgrund ihrer Größe wirst du nicht die riesigen Mengen an Haaren überall haben, wie es bei größeren Hunden der Fall ist.

Wenn du Allergien hast, können Dackel genug Haare verlieren, um diese Allergien auszulösen.

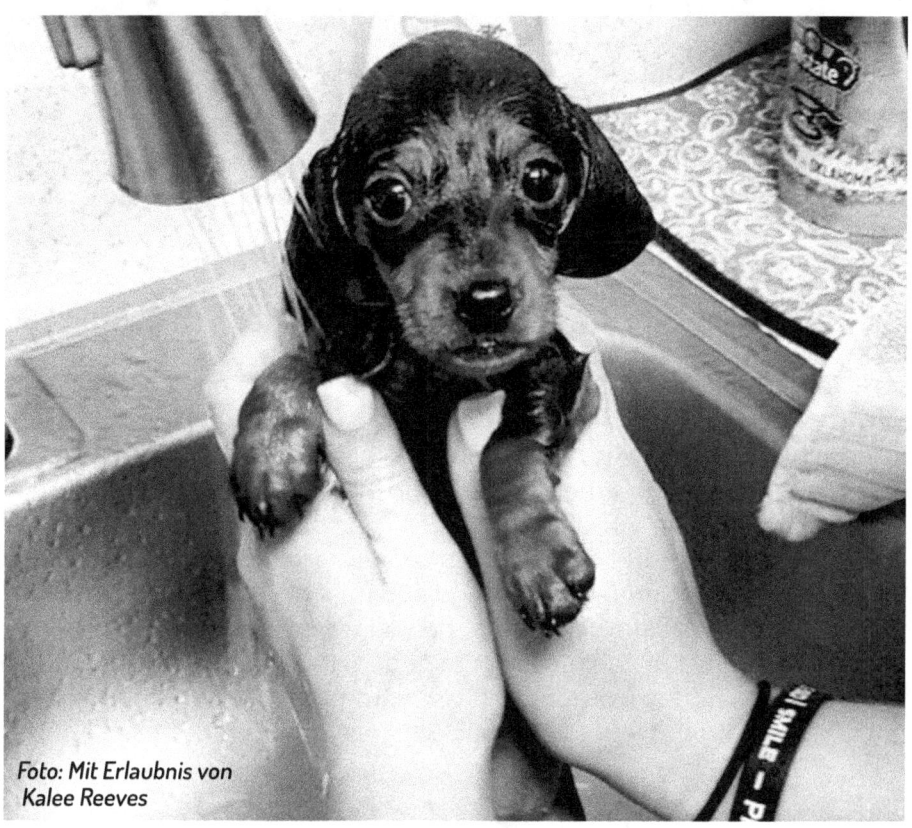

Foto: Mit Erlaubnis von
Kalee Reeves

Foto: Mit Erlaubnis von Tamara Hanson

## Welpen

Unabhängig von der Art des Fells deines Dackels ist die Pflege eines Welpen ziemlich einheitlich, und ihre Fellpflege ist recht einfach – auch wenn es etwas schwierig sein kann, sie dazu zu bringen, stillzuhalten. Tägliches Bürsten kann nicht nur das Haaren reduzieren, sondern hilft dir auch, eine Bindung zum Hund aufzubauen. Natürlich wird es am Anfang etwas herausfordernd sein, da Welpen nicht lange stillsitzen. Es wird viel Gezappel und Spielversuche geben. Deinem Welpen klarzumachen, dass die Bürste kein Spielzeug ist, wird nicht funktionieren, also sei auf Geduld während jeder Fellpflege-Sitzung vorbereitet.

## Hilfreicher Tipp
### Pflegebedarf

Dackel gibt es in glattem, langem und rauhaarigem Fell. Glatthaarige Dackel brauchen nur wenig Pflege, abgesehen von einem wöchentlichen Bürsten. Rauhaarige und langhaarige Hunde benötigen häufiger ein Bad und professionelle Pflege. Vergiss nicht die Ohren deines Dackels! Sie sind anfällig für Infektionen und brauchen regelmäßige Aufmerksamkeit.

Andererseits ist dein Welpe so niedlich, dass es dich wahrscheinlich nicht stört, wenn die Pflege etwas länger dauert. Achte darauf, deinem Welpen zu zeigen, dass dies eine ernste Angelegenheit ist und das Spielen nach dem Bürsten kommt. Andernfalls wird dein Dackel immer versuchen zu spielen, was das Bürsten zeitaufwendiger macht. Plane das Bürsten nach einer anstrengenden Spielsitzung, damit dein Dackel weniger Energie hat.

## Erwachsene Hunde

Dein Pflegeprogramm hängt vom Fell deines Dackels ab. Bei einem langhaarigen Dackel ist tägliches Bürsten nötig, während die anderen Felltypen weniger oft gebürstet werden müssen.

Egal, welchen Dackel du hast, bade ihn nicht zu häufig. Dackel werden oft nicht so schmutzig, wie man erwarten könnte, da sie ein spezielles Fett produzieren, das sie schützt. Dieses war ursprünglich notwendig wegen der Witterungsbedingungen, denen sie beim Jagen ausgesetzt waren. Zu häufiges Baden reduziert dieses Fett, wodurch sie anfälliger für Umwelteinflüsse werden.

Wenn du einen erwachsenen Dackel hast, kann es etwas dauern, bis er sich ans regelmäßige Bürsten gewöhnt. Falls dein Hund sich anfangs nicht wohl damit fühlt, integriere das Bürsten einfach in deinen Tagesablauf, so ähnlich wie beim Training.

### Kurzhaarfell

Das pflegeleichteste der drei Fellarten ist das kurzhaarige Dackelfell das nur etwa einmal pro Woche gebürstet werden muss. Im Frühling und Herbst solltest du ihn vielleicht ein paar Mal pro Woche bürsten, da er in dieser Zeit häufiger haart, auch wenn man es wegen der kurzen Haare kaum bemerkt.

### Langhaarfell

Langhaarfell ist schwersten zu pflegen, und tägliches Bürsten ist unerlässlich, um Verfilzungen zu vermeiden. Das tägliche Bürsten muss nicht lange dauern, du solltest aber gründlich bürsten, um sicherzustellen, dass sich keine Knoten bilden, da diese schnell zu Verfilzungen werden können. Verwende für das tägliche Bürsten die Zupfbürste. Beginne am Kopf deines Hundes und arbeite dich entlang seines langen Körpers vor, um alle Knoten zu entfernen.

Einmal pro Woche ist eine längere Pflegesitzung nötig. Dazu gehört ein zweites Bürsten mit der Borstenbürste, nachdem du die Zupfbürste benutzt hast. Achte dabei besonders auf Knoten und sei vorsichtig, um deinen Dackel nicht zu verletzen.

Wöchentlich muss auch etwas Fell geschnitten werden. Dafür braucht es wahrscheinlich eine zweite Person, da dein Dackel möglicherweise nicht still sitzen wird. Das Kürzen der Haare um die Pfoten, Ohren und Unterseite verhindert Knoten und Verfilzungen.

Langhaarige Hunde erfordern oft Übung. Falls nötig, besuche ein paar Mal einen professionellen Hundefriseur, um zu lernen, wie das detaillierte Bürsten und Trimmen gemacht wird. Stelle Fragen, damit du nach einigen Wochen selbst es übernehmen kannst – regelmäßige Besuche sind nicht nötig, aber ein paar Besuche können dir und deinem Hund sehr nützlich sein.

### Rauhaarfell

Der rauhaarige Dackel haart weniger als die anderen beiden Rassen und braucht alle paar Wochen (zweimal im Monat reicht) eine Bürstung. Im Frühling und Herbst, wenn er mehr haart, kannst du deinen kleinen Freund öfter bürsten.

Der Grund für das drahtige Fell dieses Dackels ist sein weiches Unterfell. In Frühling und Herbst muss diese Schicht ausgezupft werden, um überschüssiges Haar zu entfernen. Nach dem normalen Bürsten benutze einen Zupfkamm, um das überflüssige Haar aus der zweiten Schicht zu entfernen.

## Seniorenhunde

Du kannst deinen älteren Hund öfter bürsten, wenn du möchtest, denn die zusätzliche Zuwendung wird ihm gefallen. Schließlich wird er langsamer und genießt es, einfach mit dir zu entspannen (und deine Wärme tut seinem älter werdenden Körper gut). Pflegesitzungen sind eine gute Gelegenheit, um nach Problemen zu schauen, während du deinem älteren Hund eine angenehme Massage gibst, die Schmerzen lindern kann, und ihr könnt wertvolle Zeit zusammen verbringen. Achte beim Bürsten auf Veränderungen der Haut, wie Beulen oder Fettansammlungen. Diese solltest du beim Tierarztbesuch erwähnen, wenn sie sehr groß sind.

## Allergien

Wenn dein Dackel unter Hotspots leidet oder du beim Bürsten bemerkst, dass sein Fell dünner wird, achte auf diese anderen Probleme, die ein Anzeichen für Allergien sein könnten:

- Wunden heilen langsamer
- Schwaches Immunsystem
- Schmerzende Gelenke
- Haarausfall
- Ohrenentzündungen

Regelmäßiges Bürsten sorgt dafür, dass du den Zustand des Fells deines Dackels besser im Blick hast, was dir hilft, schneller zu erkennen, wenn dein Liebling unter Allergien leidet. Wenn du diese Probleme bemerkst, bringe deinen Dackel zum Tierarzt.

# Badezeit

Unabhängig von der Felllänge braucht dein Dackel nur etwa alle drei Monate ein Bad, es sei denn, er wird wirklich schmutzig. Vermeide häufiges Waschen, da sein Fell die natürlichen Öle benötigt, die es glänzend und gesund halten.

Wenn dein Dackel dreckig wird (was bei Ausflügen oder Wanderungen passieren kann), solltest du ihn danach baden. Achte darauf, dass das Wasser angenehm warm ist, und dass es weder zu kalt noch zu heiß ist. Vermeide es, seinen Kopf nass zu machen. Wie du das Gesicht deines Hundes wäschst, erfährst du im nächsten Abschnitt.

Diese Praktiken kannst du auch bei anderen Badearten anwenden, zum Beispiel draußen oder in einer öffentlichen Waschanlage, indem du sie an das vorhandene Werkzeug anpasst.

Bei den ersten Bädern achte darauf, was deinen Hund stört oder ängstigt. Wenn er Angst vor fließendem Wasser hat, lass das Wasser nicht laufen, während dein Hund in der Wanne ist. Bewegt er sich viel beim Shampoonieren, könnte der Geruch zu stark sein. Passe den Vorgang an, um es deinem Hund so angenehm wie möglich zu machen.

Denke daran, während des Bades geduldig und ruhig zu bleiben. Wenn du frustriert bist oder deine Wut an deinem Hund auslässt, werden zukünftige Bäder schwieriger, da dein Hund dir weniger vertraut. Es geht nicht um Dominanz, sondern darum, dass dein Hund nicht versteht, warum du ihn „quälst", während er sich selbst reinigt (aus seiner Sicht). Sprich ruhig und liebevoll, um das nächste Bad zu erleichtern. Natürlich kann dein Dackel jammern, zappeln oder sich wehren, aber je gelassener du bist, desto mehr lernt er, dass Baden einfach zum Leben dazugehört.

Bei langhaarigen Dackeln empfehlen einige Liebhaber, einen Föhn zu verwenden, um das Trocknen zu beschleunigen. Verwende die niedrigste Stufe und bürste das Fell wie gewohnt, während du föhnst. Achte darauf, die Hitze nicht zu lange auf eine Stelle zu richten, um die Haut nicht auszutrocknen.

# Augen und Ohren reinigen

Verwende einen Waschlappen, um das Gesicht und die Ohren deines Hundes zu waschen. Achte beim Baden deines Dackels darauf, dass kein Wasser in seine Ohren gelangt. Gewöhne dir an, seine Ohren einmal pro Woche zu kontrollieren, um sicherzustellen, dass sie gesund sind. Er könnte Allergien haben, die das Innere der Ohren rot erscheinen lassen. Ein warmer, feuchter Lappen kann auf den äußeren Teil des Ohres angewendet werden. Wenn die Rötung nach einem Tag nicht besser aussieht, vereinbare einen Termin beim Tierarzt. Bei Wachsansammlungen kannst du es vorsichtig abwischen. Stecke niemals etwas in die Ohren deines Hundes.

Dackel haben mehrere genetische Augenprobleme (siehe Kapitel 16), also nimm dir beim Pflegen die Zeit, die Augen deines Hundes zu überprüfen. Grauer Star ist bei älteren Hunden ein häufiges Problem. Wenn du trübe Augen bemerkst, lasse deinen Dackel untersuchen. Entwickelt er Grauen Star, könnte eine Entfernung notwendig sein, da dies zur Erblindung führen könnte.

# Krallen schneiden

Das Nägelschneiden bei einem Dackel kann schwierig sein, da einige von ihnen schwarze Nägel haben und es schwer zu erkennen ist, wie viel man schneiden kann, ohne den Blutfluss dabei zu verletzen. Es ist am besten, einen Experten die Nägel deines Hundes schneiden zu lassen, damit du siehst, wie es gemacht wird. Wenn du noch nie Nägel geschnitten hast, solltest du von einem Fachmann lernen, da die Nägel stark bluten können, wenn es falsch gemacht wird. Da es schwierig sein kann, bei Dackeln die richtige Länge zu erkennen, solltest du es von einem Experten lernen, bevor du es selbst versuchst. Wenn du bereits weißt, wie man die Nägel eines Hundes schneidet, halte etwas Blutstillpulver bereit, falls du zu viel abschneidest.

Wenn du es selbst machen willst, gibt es Nagelschleifer, die dir helfen können, die Nägel zu kürzen, ohne sie zu tief zu schneiden. Aber auch hier gilt: Lasse dir von einem Profi zeigen, wie man den Schleifer richtig benutzt, den Hund ruhig hält und sicherstellt, dass alles sicher abläuft.

Um zu wissen, wann dein Hund seine Nägel geschnitten bekommen muss, achte darauf, ob sie auf harten Oberflächen klicken. Wenn ja, soll-

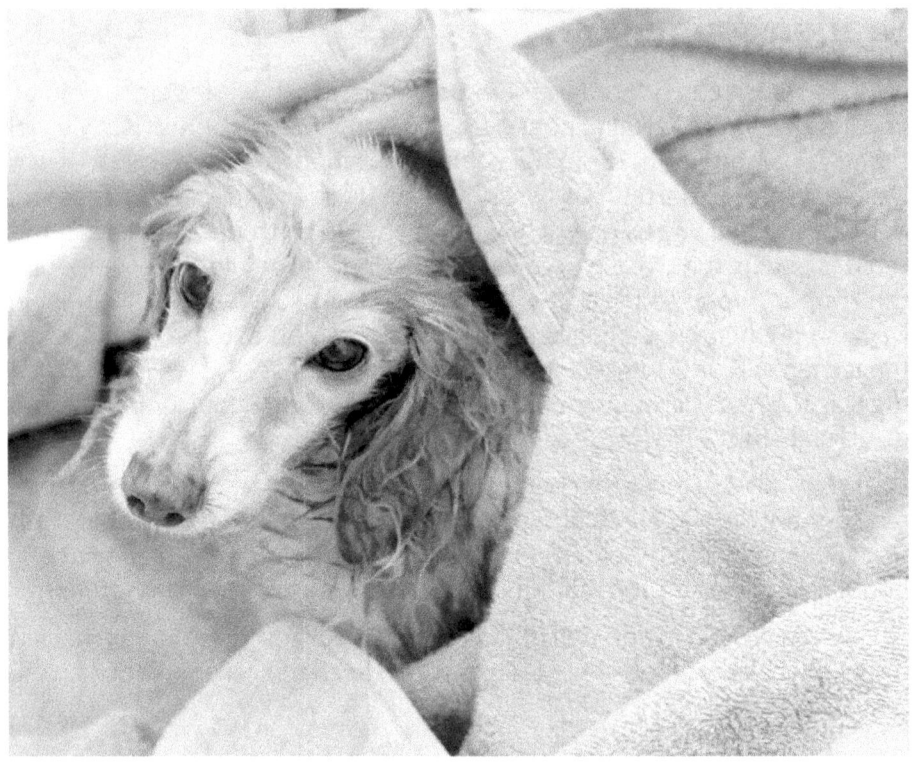

test du die Häufigkeit des Nagelschneidens erhöhen. Generell wird empfohlen, dies einmal im Monat zu tun.

## Mundgesundheit und Zähneputzen bei deinem Hund

*„Ich erkläre neuen Besitzern, wie wichtig es ist, dass sich ihr Welpe
an Finger im Maul und den Geschmack einer guten Hundezahnpasta
gewöhnt. Reibe mindestens ein paar Mal pro Woche etwas Zahnpasta
auf ihre Zähne. Viele vergessen das Maul, aber gesundheitliche Probleme
können auftreten, wenn es nicht durch einfache vorbeugende Maßnahmen zu Hause gepflegt wird."*

**Kim Gillet**
*Cameo Dachshunds*

Dackel brauchen tägliches Zähneputzen, um Zahnprobleme zu reduzieren, da sie oft Schwierigkeiten mit Zähnen und Zahnfleisch haben. Du wirst das richtige Zähneputzen wahrscheinlich selbst erlernen wollen, anstatt wöchentlich eine Dienstleistung in Anspruch zu nehmen oder um Rat zu fragen. Es ist auch praktisch, wenn du weißt, wie du die Zähne des Hundes putzt, wenn sein Atem schlecht riecht oder er etwas Übelriechendes gefressen hat.

Du musst geduldig sein und es vermeiden, dass es zu einem Kampf mit deinem Hund wird. Es ist etwas ungewohnt, und dein Dackel könnte es nicht mögen, wenn jemand ihm etwas in den Mund steckt. Doch sobald er sich daran gewöhnt hat, dauert es wahrscheinlich nur ein paar Minuten am Tag.

Verwende immer eine Zahncreme, die für Hunde gemacht ist. Menschliche Zahnpasta kann für Hunde giftig sein. Der Geschmack der Hunde-Zahncreme erleichtert das Zähneputzen – oder macht es zumindest unterhaltsam, wenn er versucht, sie zu fressen. Hier sind einige Tipps, wie du die Zähne deines Hundes richtig putzt:

Wenn dein Hund sich wohlfühlt, während du seine Zähne mit dem Finger putzt, probiere die gleichen Schritte mit einer Hundezahnbürste. Am Anfang könnte es ähnlich ablaufen, aber es sollte nicht lange dauern, bis er die Zahnbürste akzeptiert. Es kann ein paar Wochen dauern, bis du zur Zahnbürste übergehen kannst.

# 5

## CHRITTE ZUM ZÄHNEPUTZEN DEINES DACKELS MIT DEM FINGER

### 1 GEWÖHNE DEINEN DACKEL AN BEHAGLICHKEIT

Gib ein wenig Zahnpasta auf deinen Finger und lass deinen Dackel daran schnuppern und lecken. Sobald er das tut, lobe ihn dafür, dass er etwas Neues ausprobiert!

### 2 POSITIONIERE DEINEN WELPEN

Setze dich hin oder knie nieder und platziere deinen Dackel zwischen deinen Beinen, sodass sein Kopf von dir weg zeigt. So kannst du ihn unter Kontrolle halten, wenn er sich anfangs zappelt.

### 3 IN KLEINEN KREISEN UM JEDEN ZAHN BÜRSTEN

Trage Zahnpasta auf den Finger auf, hebe die Oberlippe und reibe die Zähne deines Dackels kreisförmig. Dein Welpe wird versuchen, deinen Finger zu lecken. Lobe ihn für Stillhalten. Versuche jeden Zahn kreisförmig zu massieren, besonders die kleinen, scharfen!

### 4 DAS ZAHNFLEISCH MASSIEREN

Versuche, sowohl das obere als auch das untere Zahnfleisch zu massieren. Am Anfang wirst du wahrscheinlich nicht viel mehr schaffen, als deinen Finger in das Maul deines Hundes zu bekommen, und das ist in Ordnung. Mit der Zeit wird dein Welpe lernen zuzuhören, da das Training an anderer Stelle deinem Hund hilft zu verstehen, wenn du Befehle gibst.

### 5 BLEIB POSITIV

Nein, du wirst wahrscheinlich eine Weile nicht in der Lage sein, die Zähne des Welpen richtig zu putzen, und das ist völlig in Ordnung, solange du geduldig und konsequent dranbleibst.

# KAPITEL 15
# Allgemeine Gesundheitsprobleme

Aufgrund ihrer kleinen Körpergröße musst du besonders auf die Umweltfaktoren achten, denen dein Dackel täglich ausgesetzt ist. Er wird es lieben, neue Orte zu erkunden und im Wald zu wandern – dafür wurde er gezüchtet. Du solltest ihm diese Freude nicht verwehren, aber achte darauf, dass eure Ausflüge die häufigen Umweltallergien nicht verschlimmern und beobachte ihn auf Parasiten. Wenn du zum Beispiel in der Nähe eines Waldgebiets lebst, ist dein Hund einem höheren Zeckenrisiko ausgesetzt als ein Stadthund. Sprich mit deinem Tierarzt über spezielle Umweltrisiken für deinen Hund.

*Foto: Mit Erlaubnis von Jen Cherry*

## Die Rolle deines Tierarztes

Von jährlichen Auffrischungsimpfungen bis zu Gesundheitschecks – regelmäßige Tierarztbesuche sorgen dafür, dass dein Dackel gesund bleibt. Wenn dein Dackel träge wirkt oder weniger begeistert ist als sonst, könnte das ein Zeichen dafür sein, dass etwas nicht stimmt. Zum Glück ist es bei dieser kontaktfreudigen Rasse meist leicht zu erkennen, wenn es ihr nicht gut geht. Jährliche Besuche beim Tierarzt stellen sicher, dass kein Problem unentdeckt bleibt, was deinem Hund Energie oder Gesundheit sonst rauben kann.

Gesundheitschecks helfen auch, dass dein Dackel gut altert. Falls im Laufe der Jahre frühe Anzeichen für mögliche Probleme (wie Arthritis) auftreten, ermöglicht eine frühe Diagnose, rechtzeitig Anpassungen vorzunehmen. Der Tierarzt kann dir dabei helfen, Schmerzen und Probleme, die mit dem Alterungsprozess einhergehen, zu managen und Anpassungen im Tagesablauf vorzuschlagen, um den alternden Körper deines Hundes zu unterstützen. So könnt ihr weiterhin gemeinsam Spaß haben, ohne deinen Hund zu belasten.

Tierärzte können Behandlungen und/oder vorbeugende Medikamente gegen verschiedene Parasiten und mikroskopische Bedrohungen anbieten, denen dein Hund draußen, beim Kontakt mit anderen Hunden oder durch Tiere außerhalb deines Hauses begegnen könnte.

# Allergien

Dackel leiden nicht häufig unbedingt unter Allergien, aber einige reagieren allergisch auf ihre Umgebung (nicht nur auf Futter). Anstatt mit Niesen, Husten und laufender Nase äußern sich Allergien oft als Hautreizungen. Bei einem kurzhaarigen Dackel ist das leichter zu erkennen als bei den anderen beiden Typen, da du die Reizung wahrscheinlich sehen kannst. Es fällt besonders auf, wenn dein Hund häufiger an einer Stelle seines Körpers kaut.

Der wissenschaftliche Name für Umweltallergien ist „atopische Dermatitis". Es ist jedoch schwieriger herauszufinden, ob das Problem an der Umgebung oder am Futter liegt, das du deinem Hund gibst. Die Symptome sind bei beiden Allergietypen bei Hunden oft ähnlich.

- Juckreiz/Kratzen, besonders im Gesicht
- Hot Spots
- Ohrenentzündungen
- Hautinfektionen
- Tränende Augen und Nase (nicht so häufig)

Die Pflege deines Hundes ist eine gute Gelegenheit, auf viele dieser potenziellen Probleme zu achten.

Hunde entwickeln oft Allergien, wenn sie zwischen 1 und 5 Jahre alt sind. Haben sie einmal eine Allergie, werden sie das Problem nicht mehr los. Meistens hängen Hundeallergien mit Hautkontakt zusammen, aber manche Hunde reagieren auch auf das Einatmen von winzigen Partikeln wie Staub, Schimmel und Pollen.

Da die Symptome bei Futter- und Umweltallergien gleich sind, solltest du mit deinem Tierarzt sprechen, um die Ursache herauszufinden. Bei einer Futterallergie musst du nur das Futter wechseln. Hat er eine Umweltallergie, braucht er, ähnlich wie Menschen, Medikamente. Deshalb ist es wichtig, dass du weißt, ob das Problem saisonal (z.B. Pollen) oder ganzjährig ist, damit du weißt, wann du deinen Hund behandeln musst.

Wie bei Menschen ist es auch bei Hunden unrealistisch, das Problem vollständig zu beseitigen – du kannst die Umgebung deines Hundes nur begrenzt ändern. Es gibt verschiedene Medikamente, die helfen können, deinen Hund weniger empfindlich gegenüber Allergenen zu machen.

- **Antibakterielle/Antimykotische** – Shampoos, Tabletten und Cremes behandeln normalerweise nicht die Allergie selbst, sondern die zugrunde liegenden Probleme wie bakterielle und Hefepilzinfektionen.

- **Entzündungshemmer** – Dies sind rezeptfreie orale Medikamente, die vergleichbar mit Allergiemitteln für Menschen sind. Du solltest vorsichtig sein und deinen Hund beobachten, ob er irgendwelche negativen Reaktionen zeigt. Beginne nicht, deinem Hund Medikamente zu geben, ohne zuvor den Tierarzt zu konsultieren. Wenn dein Hund schlecht reagiert, wie etwa mit Lethargie, Durchfall oder Dehydrierung, solltest du den Tierarzt aufsuchen.

- **Immuntherapie** – Eine Reihe von Injektionen kann helfen, die Empfindlichkeit deines Hundes gegenüber Allergenen zu verringern. Das kannst du zu Hause erledigen, sodass du nicht jedes Mal zum Tierarzt musst. Lasse dir von deinem Tierarzt zeigen, wie du die Injektionen gibst, und informiere dich, welche für die Umweltprobleme in deiner Gegend geeignet sind. Wissenschaftler arbeiten auch an einer oralen Version des Medikaments, um die Pflege deines Hundes zu erleichtern.

- **Hypoallergene Hundeshampoos** – Diese Pflegeprodukte sind oft als Shampoo und Conditioner in einem erhältlich und helfen, Allergene aus dem Fell deines Hundes zu entfernen. Ein warmes (nicht heißes) Bad kann auch helfen, den Juckreiz zu lindern.

Sprich mit deinem Tierarzt über die Medikamente, die für deinen Hund verfügbar sind, um die beste Behandlung für deine Situation und die Bedürfnisse deines Dackels zu bestimmen.

## Inhalations- und Umweltallergien

Inhalationsallergien werden durch Dinge wie Staub, Pollen, Schimmel und sogar Hundehaare verursacht. Dein Hund könnte sich an einer bestimmten Stelle kratzen oder anfangen, an seinen Augen und Ohren zu reiben. Manche Hunde haben laufende Nasen und niesen häufig, aber das tritt meist zusätzlich zum Kratzen auf.

## Kontaktallergien

Kontaktallergien bedeuten, dass dein Hund etwas berührt hat, das eine allergische Reaktion auslöst. Dinge wie Wolle, Chemikalien in einem Flohmittel und bestimmte Gräser können Hautreizungen verursachen und sogar Verfärbungen hervorrufen. Unbehandelt kann die allergische Reaktion dazu führen, dass der betroffene Bereich stark riecht und Fell ausfällt.

Ähnlich wie bei Nahrungsmittelallergien sind Kontaktallergien leicht zu behandeln, da du das Problem beseitigen kannst, sobald du weißt, was die Haut deines Hundes reizt.

# Flöhe und Zecken

Dackel lieben es, draußen zu sein (außer wenn das Wetter nicht passt), also musst du besonders auf Flöhe und Zecken achten. Selbst im Garten sind Flöhe fast das ganze Jahr über ein Problem. Beide Parasiten sind schwer zu sehen, da die meisten Dackel dunkleres Fell haben. Vernachlässige niemals die Floh- und Zeckenbehandlung, und das gilt auch im Winter.

*Foto: Mit Erlaubnis von Anna Tolley*

Gewöhne dir an, nach jedem Ausflug in den Wald oder auf der Wiese oder in der Nähe von Wildpflanzen deinen Hund auf Zecken zu prüfen. Kämme das Fell deines Hundes und überprüfe die Haut auf Irritationen und Parasiten. Da du das oft machen wirst, solltest du Veränderungen wie neue Beulen leicht bemerken. Da dein Hund gerne Zeit mit dir verbringt, wird die Hautkontrolle nicht lange dauern.

Flöhe sind problematisch, da sie viel mobiler sind als Zecken. Flöhe kannst du am besten finden, wenn du sie regelmäßig beim Bürsten suchst. Es gibt einen speziellen Flohkamm, den du verwenden kannst. Wenn du nach dem Bürsten schwarze Punkte auf dem Kamm siehst, könnte das ein Zeichen für Flöhe sein. Statt eines Kamms kannst du deinen Hund auf ein weißes Handtuch legen und mit der Hand über das Fell streichen. Flöhe und Flohkot fallen normalerweise auf das Handtuch. Oft sind Flöhe am Bauch zu sehen, also bemerkst du sie möglicherweise, wenn dein Welpe eine Bauchmassage will. Achte auch auf Verhaltensindikatoren wie ständiges Kratzen und Lecken. Sobald dein Welpe alt genug ist, musst du regelmäßig Flohpräparate verwenden.

Abgesehen davon, dass sie nervig sind, können beide Parasiten und Krankheiten übertragen, die auch auf dich und deinen Hund übergehen können. Zecken sind bekannt dafür, Borreliose zu übertragen, die unbehandelt den Körper schwächen kann oder sogar tödlich enden kann. Symptome sind Kopfschmerzen, Fieber und Müdigkeit. Der Biss hat oft einen roten Kreis, der größer werden kann. Da dein Hund träge sein kann, nachdem du eine Zecke entdeckt hast, achte auf einen kreisförmigen Ausschlag. Bei Unsicherheit geh zum Tierarzt.

Wenn die Zecke nicht festgebissen hat, kannst du sie einfach entfernen. Eine nicht festgebissene Zecke hat deinen Hund noch nicht gebissen. Zecken fallen ab, wenn sie vollgesogen sind. Wenn du eine Zecke findest, sucht sie entweder nach einer Stelle, um sich festzubeißen, oder sie ist bereits am Fressen. Befolge diese Schritte, um die Zecke zu entfernen, wenn sie sich festgebissen hat.

1.  Trage Alkohol auf die Stelle auf, an der sich die Zecke befindet.

2.  Verwende eine Pinzette, um die Zecke von deinem Hund zu entfernen. Benutze nicht deine Finger, da Infektionen über Blut übertragen werden können und du musst darauf achten, dass sie sich nicht an dich festbeißt.

Foto: Mit Erlaubnis von
Vickie Rich

**3.** Untersuche die Stelle, an der die Zecke war, um sicherzustellen, dass sie vollständig entfernt ist. Manchmal bleibt der Kopf zurück, also musst du sicherstellen, dass die ganze Zecke weg ist.

**4.** Vereinbare einen Termin beim Tierarzt, um es untersuchen zu lassen.

Das Bundesamt für Verbraucherschutz und Lebensmittelsicherheit (BVL) sowie die Europäische Arzneimittel-Agentur (EMA) haben Hinweise bezüglich einiger im Handel erhältlichen Floh- und Zeckenmittel herausgegeben. Egal, ob du monatlich anzuwendende Behandlungen oder ein Halsband für ständigen Schutz in Betracht ziehst, überprüfe, ob die Behandlung Isoxazolin enthält (enthalten in Bravecto, Nexgard, Credelio und Simparica), da dieser Inhaltsstoff bei manchen Haustieren neurologische Nebenwirkungen haben kann. Andere Inhaltsstoffe sind in der richtigen Dosierung sicher, aber wenn du ein Produkt für größere Hunde verwendest, kann es für deinen Hund giftig sein. Sprich mit deinem Tierarzt über empfohlene Behandlungen, um sicherzustellen, dass du die richtige Dosis von Floh- und Zeckenabwehrmittel für die Größe und Bedürfnisse deines Hundes bekommst. Wenn du die Behandlung anwendest, beobachte deinen Hund auf folgende Probleme:

- Durchfall/Erbrechen
- Zittern
- Trägheit
- Anfälle

Bringe deinen Hund zum Tierarzt, wenn du eines dieser Probleme bemerkst.

Verwende niemals ein Produkt, das für Hunde entwickelt wurde, an einer Katze oder umgekehrt. Wenn dein Hund krank, trächtig oder säugend ist, solltest du möglicherweise eine alternative Behandlung in Betracht ziehen. Flohhalsbänder werden im Allgemeinen nicht empfohlen, da sie bei Haustieren und Menschen Probleme verursachen können. Wenn du eine Katze oder kleine Kinder hast, solltest du eine andere Möglichkeit wählen, um Flöhe und Zecken von deinem Hund fernzuhalten. Das liegt daran, dass Flohhalsbänder einen Inhaltsstoff enthalten, der für Katzen tödlich ist und möglicherweise krebserregend für Menschen ist.

Wenn du ein Flohmittel kaufst, lies unbedingt die Verpackung, um herauszufinden, wann der richtige Zeitpunkt für die Behandlung ist. Berücksichtige dabei das Alter und Größe deines Hundes, um die Behandlung zu beginnen. Verschiedene Marken haben unterschiedliche Empfehlungen, und du solltest nicht zu früh mit der Behandlung deines Welpen beginnen. Es gibt auch sehr wichtige Schritte zur Anwendung des Mittels. Stelle sicher, dass du alle Schritte verstehst, bevor du das Flohmittel kaufst.

Wenn du natürliche und keine chemischen Produkte verwenden möchtest, plane Zeit ein, um Alternativen zu recherchieren und herauszufinden, was für deinen Dackel am besten funktioniert. Überprüfe, ob die natürlichen Produkte wirken, bevor du sie kaufst, und konsultiere auf jeden Fall deinen Tierarzt. Einen regelmäßigen Zeitplan aufzustellen und in den Kalender einzutragen, hilft dir, deinen Hund jeden Monat konsequent zu behandeln.

# Parasitenwürmer

Obwohl Würmer ein nicht so ganz häufiges Problem wie Flöhe und Zecken sind, können sie viel gefährlicher sein. Dein Hund kann durch Würmer Krankheiten bekommen, die von Flöhen und Zecken übertragen werden. Es gibt verschiedene Arten von Würmern, die du kennen solltest:

- Herzwürmer
- Hakenwürmer
- Spulwürmer
- Bandwürmer
- Peitschenwürmer

Leider gibt es keine leicht erkennbaren Symptome, um festzustellen, ob dein Hund Würmer hat. Du kannst jedoch auf folgende Anzeichen achten: Wenn dein Hund sie zeigt, vereinbare einen Termin beim Tierarzt.

- Dein Dackel ist unerwartet lethargisch seit ein paar Tagen.
- Fellstellen beginnen auszufallen (das wird dir auffallen, wenn du deinen Dackel regelmäßig bürstest) oder wenn du ungleichmäßige Stellen im Fell deines Hundes bemerkst.
- Der Bauch deines Hundes bläht sich auf und sieht aus wie ein Hängebauch.
- Dein Dackel beginnt zu husten, erbricht, hat Durchfall oder verliert den Appetit.

● Wenn du dir bei einem Symptom unsicher bist, gehe am besten so schnell wie möglich zum Tierarzt.

## Herzwürmer

Herzwürmer sind eine ernsthafte Bedrohung für die Gesundheit deines Hundes und können tödlich sein, da sie den Blutfluss verlangsamen oder stoppen können. Deshalb solltest du deinen Hund konsequent mit einem Schutz gegen Herzwürmer behandeln.

Zum Glück sind Herzwürmer eines der am einfachsten zu vermeidenden Gesundheitsprobleme. Es gibt Medikamente, die sicherstellen, dass dein Dackel keine Herzwürmer bekommt. Um dieses ernste Problem zu verhindern, kannst du deinem Hund eine kaubare Tablette, ein topisches Mittel geben oder Spritzen beim Tierarzt anfordern.

Dieser Parasit wird von Mücken übertragen, die in den meisten Regionen kaum zu vermeiden sind. Da Herzwürmer potenziell tödlich sind, ist es wichtig, vorbeugende Maßnahmen zu ergreifen.

Hat ein Hund Herzwürmer, ist die Behandlung kostspielig und zeitaufwändig, aber es lohnt sich, um deinen Vierbeiner gesund und glücklich zu halten.

1. Der Tierarzt wird Blut abnehmen, um Tests durchzuführen, die bis zu 1.000 Euro kosten können.

2. Die Behandlung beginnt mit einigen Medikamenten, darunter Antibiotika und entzündungshemmende Mittel.

3. Nach einem Monat der anfänglichen Medikation wird dein Tierarzt deinem Hund im Laufe von zwei Monaten drei Spritzen geben.

Ab dem Moment, in dem der Tierarzt bestätigt, dass dein Hund Herzwürmer hat bzw. bis er dir Bescheid gibt, dass dein Hund frei von dem Parasiten ist, musst du deinen Hund ruhig halten. Dein Tierarzt wird dir sagen, wie dein Hund in dieser Zeit am besten bewegt wird. Da dein Dackel wahrscheinlich viel Energie hat, kann dies eine harte Zeit für euch beide sein. Achte darauf, dass dein Hund beim Bewegen vorsichtig ist, da die Würmer im Herzen deines Hundes sind und den Blutfluss behindern. Zu viel Herzaktivität kann ihn töten.

Die Behandlung wird fortgesetzt, nachdem die Spritzen abgeschlossen sind. Nach etwa 6 Monaten wird dein Tierarzt einen weiteren Bluttest durchführen, um sicherzustellen, dass die Würmer weg sind.

Sobald dein Hund von den Parasiten befreit ist, musst du darauf achten, ihn gegen Herzwürmer zu medikamentieren. Du musst sicherstellen, dass dein armer kleiner Kerl das nicht noch einmal durchmachen muss. Es wird dauerhafte Schäden am Herzen deines Hundes geben, daher musst du darauf achten, dass er sich nicht überanstrengt.

## Darmwürmer: Hakenwürmer, Spulwürmer, Bandwürmer und Peitschenwürmer

Alle vier dieser Würmer gedeihen im Darmtrakt deines Hundes und gelangen dorthin, wenn dein Hund etwas frisst, das mit ihnen kontaminiert ist. Das sind die häufigsten Wege, wie Hunde Würmer aufnehmen:

- Kot

- Kleine Schädlinge wie Flöhe, Kakerlaken, Regenwürmer und Nagetiere

- Erde, einschließlich das Ablecken von ihrem Fell und Pfoten

- Verunreinigtes Wasser

- Muttermilch (wenn die Mutter Würmer hat, kann sie diese beim Säugen auf die Welpen übertragen)

Hier ist eine Liste der häufigsten Symptome und Probleme, die durch Darmparasiten verursacht werden:

- Anämie

- Blutverlust

- Husten

- Austrocknung

- Durchfall

- Entzündung des Dickdarms

- Gewichtsverlust

Ruht dein Hund am Boden und ist er befallen von Hakenwurmlarven, könnten die Parasiten durch die Haut eindringen. Tierärzte führen einen Diagnosetest durch, um festzustellen, ob dein Hund diesen Parasiten hat. Falls ja, verschreibt der Tierarzt ein Wurmmittel. Du solltest auch zum Arzt gehen, da Menschen ebenfalls Hakenwürmer bekommen können.

Rundwürmer sind ähnlich wie Flöhe sehr verbreitet, und die meisten Hunde müssen zeitnah dagegen behandelt werden. Sie ernähren sich hauptsächlich von der verdauten Nahrung im Magen deines Hundes und ziehen die Nährstoffe, die er braucht, heraus. Larven können trotz Beseitigung der erwachsenen Würmer im Hund verbleiben. Mütter können diese Larven an ihre Welpen weitergeben. Wenn du eine schwangere Dackeldame hast, sollten ihre Welpen regelmäßig untersucht werden, um sicherzustellen, dass keine inaktiven Larven weitergegeben werden. Auch die Mutter sollte getestet werden, um sicherzustellen, dass sie nicht krank wird. Neben den bereits genannten Symptomen kann dein Dackel einen aufgeblähten Bauch haben. Du könntest die Würmer auch im Kot oder Erbrochenem deines Hundes sehen.

Bandwürmer werden oft als Eier aufgenommen, meist durch Flöhe oder den Kot anderer Tiere. Sie entwickeln sich im Dünndarm des Hundes, bis sie ausgewachsen sind. Teile des Bandwurms brechen mit der Zeit ab und sind im Kot deines Hundes sichtbar, der sorgfältig entsorgt werden muss, um andere Tiere vor einer Infektion zu schützen. Bandwürmer sind selten tödlich, können jedoch Gewichtsverlust und einen aufgeblähten Bauch verursachen, je nach Größe der Würmer im Darm.

Dein Tierarzt kann deinen Hund auf Bandwürmer testen und Medikamente verschreiben, die du ihm geben kannst. Dazu gehören z. B. Kautabletten, Tabletten oder Pulver zum Streuen über das Futter. Das Risiko für Menschen ist gering, aber Kinder sind gefährdeter, da sie in Bereichen mit Hundekot spielen und sich danach nicht gründlich die Hände waschen. Eine Infektion kann durch das Verschlucken eines Flohs erfolgen, besonders bei starkem Befall.

## Hilfreicher Tipp
### Gesund bleiben

Dackel neigen zu bakteriellen und viralen Infektionen. Sprich mit deinem Tierarzt über geeignete Impfungen für dein Tier. Tägliches Bürsten und jährliche Kontrollen beim Tierarzt können Zahnerkrankungen wie Zahnstein und Zahnfleischentzündungen vorbeugen.

Peitschenwürmer wachsen im Dickdarm und können in großer Zahl tödlich sein. Ihr Name beschreibt ihr Aussehen, mit dünnerem Schwanzbereich. Wie bei anderen Würmern sollte dein Hund getestet werden, um Erkrankungen festzustellen.

Das sind die besten Vorsichtsmaßnahmen gegen Parasiten: Führe regelmäßige Flohbehandlungen durch, sammle den Hundekot und achte darauf, dass dein Dackel keinen Müll oder Tier-kot frisst.

Hakenwürmer oder Rundwürmer können durch Hautkontakt von deinem Hund auf dich übertragen werden. Eine gleichzeitige Behand-lung kann helfen, den Teufelskreis der Infektion zu durchbrechen.

Vorsorge gegen alle diese Würmer kann mit der Herzwurmprophy-laxe kombiniert werden. Sprich mit deinem Tierarzt über Möglichkeiten, um deinen Hund vor diesen Gesundheitsproblemen zu schützen.

# Deinen Dackel impfen

Impfpläne sind für alle Hunderassen, einschließlich Dackel, fast ein-heitlich. Die folgende Liste hilft dir sicherzustellen, dass dein Dackel die notwendigen Impfungen rechtzeitig erhält. Trage wichtige Termine un-bedingt in deinen Kalender ein. Zur Erinnerung: Bei deinem ersten Tier-arztbesuch sollten keine Impfungen verabreicht werden. Dein neuer Hund hat schon genug Stress durch all die Veränderungen in seinem Leben. Sollte dein Welpe kurz nach der Ankunft bei dir zu weiteren Imp-fungen müssen, plane diesen Termin separat, wenn er sich bei dir woh-ler fühlt. Bis dein Welpe vollständig geimpft ist, solltest du den Kontakt zu Hunden außerhalb deines Haushalts vermeiden und den Kontakt zu deinen anderen Hunden minimieren.

Die folgende Tabelle gibt Auskunft darüber, welche Impfungen wann verabreicht werden sollten.

| Zeitplan | Impfung | | |
|---|---|---|---|
| 6 bis 8 Wochen | Bordetella Lyme | Leptospira Influenza-Virus-H3N8 | DHPP – Er-ste Impfung Influenza-Virus-H3N2 |
| 10 bis 12 Wochen | Leptospira Lyme | DHPP – Zwei-te Impfung Influenza Virus-H3N8 | Tollwut Influenza Virus-H3N2 |
| 14 bis 16 Wochen | DHPP – Dritte Impfung | | |
| Jährlich | Leptospira Lyme | Bordetella Influenza-Virus-H3N8 | Tollwut Influenza-Virus-H3N2 |
| Alle 3 Jahre | DHPP Booster | Tollwut (wenn längere Impfintervalle gewählt wurden) | |

Diese Impfungen schützen deinen Hund vor verschiedenen Krankheiten. Denke daran, dass du die Impfungen jährlich bei den Tierarztbesuchen einplanen musst, um deinen Hund weiterhin zu schützen. Wenn du mehr über die Krankheiten erfahren möchtest, gegen die diese Impfungen deinen Hund schützen, schau auf den Informationsseiten der Bundestierärztekammer oder im „Hunde-Revue" Magazin nach. Dort findest du Details zu den Krankheiten und weitere Informationen, die dir helfen zu verstehen, warum es so wichtig ist, mit den Impfungen auf dem Laufenden zu bleiben.

## Ganzheitliche Alternativen

Es ist verständlich, dass du deinen Hund von chemischen Behandlungen fernhalten möchtest. Viele wechseln aus gutem Grund zu ganzheitlichen Methoden. Das erfordert jedoch gründliche Recherche und Überwachung, um sicherzustellen, dass die Methoden wirken und vor allem damit sie deinem Hund nicht schaden. Ungeprüfte ganzheitliche Heilmittel können Geldverschwendung sein oder schlimmer noch, deinem Haustier schaden.

Wenn du dich für ganzheitliche Medizin entscheidest, sprich mit deinem Tierarzt über deine Optionen. Du kannst auch Dackel-Experten um Rat fragen, bevor du Methoden ausprobierst, die dich interessieren. Lies, was Wissenschaftler zu dem von dir in Betracht gezogenen Medikament gesagt haben. Es kann sein, dass die generischen Produkte aus dem Handel besser sind als manche ganzheitlichen Medikamente aus Fachgeschäften.

Sei gründlich bei deiner Recherche und gehe keine unnötigen Risiken mit der Gesundheit deines Dackels ein. Dinge wie Akupunktur sind beliebt, aber sie wirken bei Hunden anders als bei Menschen. Viele Webseiten widmen sich der Pflege von Dackel, auf denen du empfohlene Informationen findest. Massagetherapie kann deinem Hund helfen, besonders, wenn er älter ist. Sei jedoch vorsichtig wegen der potenziellen Gesundheitsprobleme der Rasse. Befolge die Empfehlungen auf seriösen Websites über Dackel, um deinem Hund die beste und sicherste Pflege zu bieten. Es gibt sogar spezielle chiropraktische Therapien für Hunde, aber du musst darauf achten, einen seriösen Chiropraktiker zu finden, damit er deinem Hund nicht mehr schadet als nützt.

# KAPITEL 16
# Häufige genetische Gesundheitsprobleme beim Dackel

*„Dackel sind bekannt für ihre empfindlichen Wirbelsäulen. Es gibt scheinbar einen genetischen Zusammenhang mit Bandscheibenvorfällen (Diskopathie). Wenn du deinen Dackel auf einem gesunden Gewicht hältst und ihn nicht aus großen Höhen springen lässt, schützt das seine Wirbelsäule."*

*Elizabeth Bender*
*BenderDachs*

Abgesehen von ihrer Neigung zu Rückenverletzungen sind Dackel in der Regel gesunde Rassehunde. Das bedeutet jedoch nicht, dass sie keine genetischen Probleme haben, wobei einige davon können ernsthaft sein können. Deshalb ist es so wichtig, den Züchter gründlich zu recherchieren, bevor du einen Welpen adoptierst. Gute Züchter bieten Garantien (siehe Kapitel 3) an, damit die Welpen bei bekannten genetischen Problemen der Rasse zurückgegeben werden können. Um diese Garantien in Anspruch zu nehmen, musst du die Probleme und ihre Symptome kennen. Je früher du mögliche Probleme angehst, desto gesünder wird dein Dackel wahrscheinlich sein.

Züchter sollten in der Lage sein, Gesundheitsunterlagen zusätzlich zu Impf- und Testnachweisen bereitzustellen. Wenn die Eltern gesund sind, erhöht das die Wahrscheinlichkeit, dass dein Welpe sein Leben lang gesund bleibt. Es be-

## Hilfreicher Tipp
### Gesundheitsrisiken

Dackel, wie alle Rassehunde, neigen zu bestimmten Gesundheitsproblemen. Wegen ihrer kurzen Beine sind Doxies anfällig für Bandscheibenerkrankungen (IVDD). Sie können auch Augenprobleme wie Progressive Retinaatrophie (PRA), Cushing-Syndrom, Diabetes oder Schilddrüsenunterfunktion haben. Alle Hunde haben Gesundheitsprobleme, besonders Rassehunde. Vorbeugung ist der beste Schutz, wenn es um die Gesundheit deines Hundes geht.

steht jedoch immer noch die Gefahr, dass dein Hund eines dieser dokumentierten Probleme hat, auch wenn die Eltern es nicht haben. Du musst also die Gesundheit von deinem kleinen Freund im Auge behalten.

# Bandscheibenerkrankung

Dackel haben aufgrund ihrer genetisch bedingt langen Rücken ein erhöhtes Risiko für Rückenverletzungen. Die Bandscheibenerkrankung (Diskopathie) ist eine genetische Erkrankung, die dazu führt, dass Bandscheiben und Wirbel brüchig werden. Diese Krankheit, in Kombination mit dem langen Rücken, erhöht die Wahrscheinlichkeit, dass dein Dackel einen Bandscheibenvorfall erleiden könnte, was insbesondere im höheren Alter passieren kann.

Dies kann zu dauerhaften Schäden an der Wirbelsäule deines Dakkels führen und im schlimmsten Fall zu Lähmungen.

Obwohl dieses Problem in früheren Kapiteln behandelt wurde, achte darauf, dass du das Risiko einer Rückenverletzung bei deinem Dackel, besonders wenn er an einer Diskopathie (Bandscheibenerkrankung) leidet, verringern kannst.

Foto: Mit Erlaubnis von Jennifer Henderson

- Achte darauf, dass er genug Bewegung bekommt und ein gesundes Gewicht hält.

- Versuche, deinen Dackel so gut es geht davon abzuhalten, von Dingen abzuspringen, besonders von Möbeln und beim Ein- und Aussteigen aus dem Auto. Der Sprung von niedrigen Stellen und der anschließende Aufprall auf den Boden können dem Rücken deines Hundes schaden.

- Wenn du deinen Hund hochheben musst (zum Beispiel wegen einer Verletzung, eines aggressiven größeren Tieres oder unerwartet steiler Treppen beim Erkunden), achte darauf, beide Hinterpfoten deines Hundes gleichzeitig hochzuheben – niemals nur unter den Vorderpfoten. Du willst nicht, dass der hintere Teil deines Hundes wie ein Pendel schwingt, wenn du ihn vom Boden hebst. Achte darauf, dass du seinen ganzen Körper – sowohl die Vorder- als auch die Hinterhälfte – unterstützt, solange du ihn hältst.

Foto: Mit Erlaubnis von Deborah Swingley

## Acanthosis Nigricans

Obwohl der Name der Krankheit schlimm klingt, ist diese genetische Erkrankung nicht tödlich. Sie führt dazu, dass die Haut deines Hundes ungewöhnlich dunkel wird. Es gibt zwei Arten der Krankheit, und Dackel leiden am ersten Typ (sie sind fast die einzige Rasse, bei der das vorkommt – es ist eine eher seltene Krankheit).

Wenn dein Dackel diese Krankheit hat, zeigt sie sich im ersten Lebensjahr. Seine Haut wird dunkler und dicker. Das kann zu bakteriellen oder Hefepilzinfektionen auf den betroffenen Hautstellen führen. Lebensbedrohlich ist sie nicht, aber die Behandlung erfolgt meist durch Injektionen und medizinische Shampoos.

Die Krankheit ist selten, und normalerweise nehmen Tierärzte eine Biopsie, um festzustellen, ob ein Dackel betroffen ist.

Eine andere Form der Krankheit entsteht durch Reibung, wenn ein Hund übergewichtig ist oder körperliche Anomalien hat. Es könnte auch auf etwas Ernsteres hinweisen, wie eine Schilddrüsenüberfunktion oder ein anderes hormonelles Ungleichgewicht. Allergien können ebenfalls zur zweiten Form der Acanthosis nigricans beitragen. Da diese Art oft durch äußere Faktoren verursacht wird, ist die Behandlung einfacher, indem das zugrunde liegende Problem behandelt wird. Bei schweren Fällen können Injektionen erforderlich sein.

Egal, welche Ursache vorliegt, du solltest einen Tierarzt aufsuchen, wenn du dunklere Hautstellen bei deinem Hund bemerkst, damit die Krankheit behandelt werden kann.

## Hypothyreose

Dieses Problem tritt auch bei Menschen (und vielen anderen Hunderassen) auf. Eine Unterfunktion der Schilddrüse entsteht, wenn der Körper nicht genügend Schilddrüsenhormone produziert. Bei Dackeln zeigt sie sich oft zwischen zwei und sechs Jahren. Symptome sind Gewichtszunahme, Energiemangel und Hautprobleme wie trockene oder juckende Haut.

Ein Bluttest zeigt, ob ein Dackel eine Schilddrüsenunterfunktion hat. Manche Tierärzte führen diesen Test jährlich zur Vorsorge durch. Falls dein Hund betroffen ist, wird der Tierarzt wahrscheinlich orale Medikamente verschreiben.

## Morbus Cushing

Auch bekannt als Hyperadrenokortizismus, entsteht diese Krankheit durch eine übermäßige Produktion des Hormons Cortison in den Nebennieren eines Hundes. Sie wird leicht mit Alterserscheinungen verwechselt. Symptome sind übermäßiges Trinken, häufigerer Toilettengang, Appetit- und Haarverlust sowie Gewichtszunahme.

Wenn dein Hund an Gewicht zunimmt, mehr trinkt oder im Haus Unfälle hat, bringe ihn zum Tierarzt. Erwähne die beobachteten Probleme, damit auf Morbus Cushing untersucht werden kann. Die Krankheit ist behandelbar, und je früher sie erkannt wird, desto besser ist die Lebensqualität deines Hundes. Normalerweise erfolgt die Behandlung mit Medikamenten, in schlimmen Fällen kann eine Operation nötig sein.

## Zahnprobleme

Dackel sind bekannt für ihre Zahnprobleme. Ein Teil des Problems ist, dass ihre Zähne in ihren kleinen Mäulern wenig Platz haben, was dazu führt, dass sich mehr Futterreste zwischen den Zähnen festsetzen. Dies begünstigt die Bildung von Plaque, die zu Zahnfleischentzündungen und Infektionen führen kann. Um das Gebiss deines Hundes gesund zu halten, solltest du regelmäßig seine Zähne putzen. Manchmal gehört dazu auch ein Besuch bei einem Profi für eine gründlichere Reinigung. Dabei musst du jedoch jemanden finden, der das ohne Narkose macht. Wegen ihrer Größe sollten Dackel keine Narkose bekommen, da sie tödlich sein kann. Wenn du regelmäßig die Zähne deines Hundes putzt, kannst du dabei helfen, das Maul deines Hundes regelrecht gesund zu halten.

# Herzerkrankungen

Eine der beiden häufigeren Erkrankungen, die bei der niedlichen kleinen Dackelrasse auftreten kann, ist die degenerative Mitralklappenerkrankung. Bei dieser Erkrankung wird eine Herzklappe undicht, was typischerweise in den goldenen Jahren des Hundes, also zwischen 8 und 10 Jahren, beginnt. Achte darauf, dass dein Dackel im Alter darauf untersucht wird. Bei früher Erkennung können die Probleme durch Medikamente minimiert werden. Es ist wichtig, deinen Hund auf einem gesunden Gewicht zu halten, damit das Herz nicht überbeansprucht wird.

# Hirnerkrankungen

Das zweite Problem betrifft das Gehirn des Dackels. Es gibt einige Probleme, die bei Dackeln häufiger auftreten als bei den meisten anderen Rassen.

- Dackel können an Narkolepsie leiden. Sie sind dann träger und ein starker emotionaler Auslöser kann sie einschlafen lassen. Man kann nicht vorhersagen, wann dein Hund ohnmächtig wird. Es kann durch die Aufregung während einer Autofahrt oder ein Leckerli passieren. Vielleicht hast du eine Tür offen gelassen, was deinen Dackel über sehr begeistert und er denkt an Flucht. Eine Behandlung dafür gibt es nicht.

- Die Lafora-Krankheit ist eine schwerwiegendere Form der Epilepsie, die sich durch starke Muskelzuckungen zeigt. Die Anfälle dauern normalerweise nur ein paar Sekunden. Dieses Problem tritt am häufigsten bei Zwerggrauhaardackeln auf.

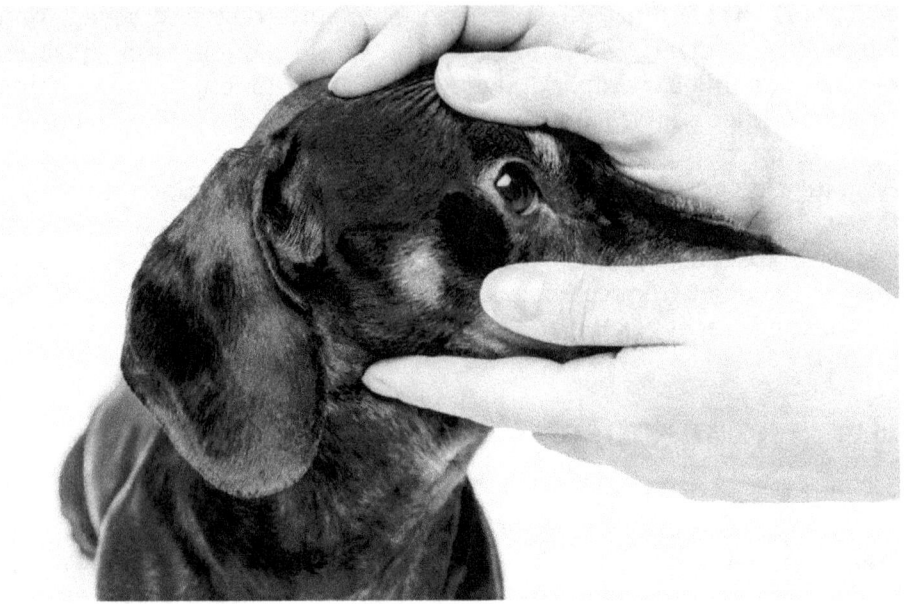

Wenn du eines dieser Probleme oder andere Anzeichen für einen Anfall oder eine neurologische Störung bemerkst, bringe deinen Hund so schnell wie möglich zum Tierarzt.

# Augenprobleme

Diese entzückenden großen Augen im kleinen Gesicht eines Dackels sind wunderschön, können aber auch viele Probleme bereiten. Viele dieser Probleme sind nicht häufig, aber du solltest deinen Hund im Auge behalten, damit du so früh wie möglich eine Behandlung einleiten kannst. Einige dieser Zustände können unbehandelt zur Erblindung führen.

### Glaukom

Eine schmerzhafte Augenerkrankung, das Glaukom, kann ohne frühzeitige Behandlung zur Erblindung führen. Wenn du bemerkst, dass die Augen deines Dackels stark tränen, die Hornhaut blau wird oder er oft die Augen zusammenkneift, bringe ihn zum Tierarzt. Diese Anzeichen deuten darauf hin, dass dein Hund Schmerzen hat, die schwer zu erkennen sein können, da man sich an das Verhalten gewöhnt.

Du kannst auch jährlich einen Glaukom-Test beim Tierarzt machen lassen. So weißt du, dass es deinem Hund gut geht.

## Progressive Retinaatrophie (PRA)

PRA verursacht Lichtempfindlichkeit durch Probleme mit der Netzhaut. Welpen sollten getestet werden bzw. wenn du deinen Welpen von einem Züchter adoptierst, solltest du eine Garantie gegen dieses spezielle Problem haben.

Hunde mit dieser Erkrankung zeigen oft zuerst Nachtblindheit, was deinen Hund nervöser machen kann. Wenn du in die Augen deines Hundes schaust, können sie mehr Licht reflektieren, da sich die Augen verschlechtern. Die Krankheit betrifft beide Augen, daher sollte das Problem in beiden Augen sichtbar sein.

Es gibt keine Behandlung für diese Erkrankung. Du wirst lernen müssen, mit dem nachlassenden Sehvermögen deines Hundes umzugehen.

## Augeninfektionen

Eines der häufigsten Probleme, die bei Augen von Dackeln auftreten können, sind Infektionen. Wenn du bemerkst, dass die süßen Augen von deinem Dackel rot oder entzündet aussehen, solltest du ihn zum Tierarzt bringen, um seine Augen untersuchen zu lassen. Es gibt mehrere mögliche Ursachen für die Probleme, also lass den Tierarzt die Augen überprüfen, um die richtige Behandlung zu bestimmen.

## Trockene-Auge-Syndrom

Die Augen von Dackeln können eine verminderte Tränenproduktion aufweisen, was zu trockenen Augen führen kann. Dein Hund könnte sich an den Augen kratzen oder Schleim könnte austreten. Unbehandelt kann dies schwere Probleme und Komplikationen verursachen und im schlimmsten Fall zur Erblindung führen. Zur Behandlung könnte eine Operation nötig sein. Wenn es nicht so schlimm ist, kann der Tierarzt regelmäßig künstliche Tränen verabreichen.

## Hornhautgeschwüre

Dackel neigen dazu, dieses Problem häufiger als die meisten anderen Rassen zu haben. Hornhautgeschwüre treten oft plötzlich auf und benötigen sofortige Behandlung, um eine Verschlechterung zu verhindern. Die häufigsten Symptome dieses Augenproblems sind:

- Kratzer oder Löcher, die du auf der Oberfläche des Auges sehen kannst
- Rote oder entzündete Augen
- Heulen

Foto: Mit Erlaubnis von
Lee Roberts
Roberts Twins Photography

- Übermäßiges Zusammenkneifen und Blinzeln der Augen

Meistens entstehen Geschwüre durch Verletzungen der großen Augen oder der Augenlider. Sie können auch durch andere Probleme dieser Liste verursacht werden, wie das trockene Auge. Wenn sie schnell nach der Entstehung behandelt werden, kann sich dein Hund in nur wenigen Tagen davon erholen.

# Pilzinfektionen der Ohren

Hundeohren bieten einen dunklen, warmen Ort für Pilze, Hefen und Bakterien. Da Dackel besonders lange Ohren haben, die oft umklappen, besteht die Gefahr von Ohrenentzündungen. Allergien können das Risiko erhöhen, aber generell sind alle Hunde anfällig für solche Infektionen. Daher ist es wichtig, dass du darauf achtest, dass die Ohren deines Hundes beim Baden nicht nass werden, und dass du seine Ohrgesundheit regelmäßig überprüfst. Achte auf folgende Probleme um oder in den Ohren deines Hundes:

- Farbiger Ausfluss (insbesondere braun oder blutig)

- Schwellung und Rötung

- Kruste auf der Haut des Ohrs

Foto: Mit Erlaubnis von
Robin Klein

● Kratzen am Ohr oder häufiges Kopfschütteln

● Hör- oder Gleichgewichtsverlust

● Im Kreis laufen (üblicherweise bei Toilettengängen oder Nestbau oder vor dem Hinlegen)

Wenn du eines dieser Symptome bemerkst, bringe deinen Hund zum Tierarzt, auch wenn sie mild erscheinen. Es gibt verschiedene Behandlungsmöglichkeiten, abhängig vom Schweregrad der Erkrankung. In der Regel wird eine antimykotische Creme empfohlen, aber schwerwiegendere Probleme (wie eine Infektion im Mittelohr) könnten Injektionen oder eine Operation erfordern.

Wenn dein Hund unter chronischen Pilzinfektionen im Ohr leidet, wird dein Tierarzt wahrscheinlich einen Ohrreiniger empfehlen, der das Problem verhindert, oder eine Lösung, die den Bereich trocken hält.

# Häufige Fehler von Besitzern

Die beiden größten potenziellen Probleme sind Rückenverletzungen und Übergewicht bei Dackeln, aber das sind nicht die einzigen möglichen Schwierigkeiten. Neben genetischen Problemen gibt es auch Faktoren, die durch falsche Ernährung und unzureichende Bewegung die Gesundheit deines Hundes beeinträchtigen können. In der Anfangszeit ist es schwierig, das richtige Gleichgewicht zu finden, da dein Welpe neugierig und voller Energie ist. Auch als ausgewachsener Hund musst du darauf achten, den Stress auf das Skelett deines Dackels zu minimieren. Gewichtsmanagement spielt eine entscheidende Rolle, um deinen Hund gesund zu halten. Achte darauf, dass er die richtige Nahrung für sein Aktivitätsniveau bekommt, um das Risiko einer Verschlimmerung von Hüft- und Ellbogendysplasie zu verringern.

Frühe Anzeichen möglicher Probleme zu übersehen, kann schädlich, sogar tödlich sein. Wenn du zu irgendeinem Zeitpunkt seltsame Verhaltensänderungen bei deinem Hund bemerkst, bringe ihn zum Tierarzt. Als relativ gesunde Rasse sind ungewöhnliche Verhaltensweisen bei einem Dackel oft ein Anzeichen für etwas, das untersucht werden sollte.

Foto: Mit Erlaubnis von
Katrice Brown

# Vorbeugung und Überwachung

Der aktuelle Trend zu „niedlichen" übergewichtigen Dackeln hat die potenziellen Gesundheitsrisiken in den Fokus gerückt, die dieser Trend verursachen kann. Diese Rasse ist ohnehin schon niedlich, und du solltest niemals die Gesundheit deines Hundes zugunsten von Niedlichkeit opfern. Nimm dir stattdessen extra Zeit, um deinem Hund etwas Niedliches beizubringen. Das ist sowohl gesünder als auch unterhaltsamer für euch beide.

Das Gewicht deines Dackels zu kontrollieren, ist wichtig und sollte mindestens vierteljährlich oder halbjährlich erfolgen. Dein Tierarzt wird wahrscheinlich mit dir sprechen, wenn dein Hund übergewichtig ist, da dies nicht nur die lange Wirbelsäule, Beine, Gelenke und Muskeln belastet, sondern auch negative Auswirkungen auf Herz, Kreislauf und Atmung haben kann. Sprich unbedingt mit deinem Tierarzt, wenn dir Probleme bei deinem Dackel auffallen. Regelmäßige Tierarztbesuche können dir helfen, Probleme anzugehen, die du vielleicht nicht für ganz gravierend hältst. Manchmal sind die Symptome, die du bemerkst, ein Anzeichen für ein zukünftiges Problem.

# KAPITEL 17
# **Der alternde Dackel**

Die durchschnittliche Lebenserwartung eines Dackels liegt zwischen 12 und 16 Jahren, was ihn zu einer der langlebigeren Rassen macht. Einige Dackel können sogar fast zwei Jahrzehnte lang leben. Wenn du gut auf deinen Dackel aufpasst, kannst du eine lange, liebevolle Beziehung mit deinem kleinen Vierbeiner genießen. Natürlich scheint die Zeit nie ausreichend zu sein, aber du kannst viel tun, um das Leben deines Hundes zu verlängern. Ein gut gepflegter Dackel lebt länger, wenn er keine großen gesundheitlichen Probleme hat. Deshalb ist es umso wichtiger, dass dein Hund regelmäßig Bewegung und eine gute Ernährung bekommt. Du möchtest, dass dein Dackel ein langes, glückliches Leben führt.

Irgendwann wirst du bemerken, dass dein Dackel langsamer wird – ein Zeichen dafür, dass dein kleiner Freund das Alter in seinen Knochen spürt. Das passiert meistens mit etwa 9 oder 10 Jahren. Auch wenn ein Hund sein Leben lang gesund bleibt, wird sein Körper im Alter nicht mehr dieselben Aktivitäten bewältigen können. Die notwendigen Anpassungen richten sich nach den speziellen Bedürfnissen deines Dackels.

Die ersten Altersanzeichen sind oft ein steiferer Gang oder schwereres Hecheln nach kurzer Zeit. Wenn du das bemerkst, reduziere die langen Spaziergänge und mache dafür mehr kürzere. Dein Dackel möchte vielleicht weiterhin aktiv sein, also sorge dafür, dass die Aktivität nicht aufhört und passe nur die Art der Aktivitäten an.

Dein Tagesablauf muss sich ändern, wenn dein Hund langsamer wird. Achte darauf, dass dein Hund sich nicht überanstrengt, auch wenn er aktiv bleiben möchte. Dein Dackel könnte Schwierigkeiten haben, die Veränderungen zu akzeptieren.

Diese Jahre nennt man nicht umsonst die goldenen Jahre – du kannst sie wirklich mit deinem Hund genießen. Du musst dir weniger Sorgen machen, dass er aus Langeweile Dinge zerstört oder sich bei Spaziergängen zu sehr aufregt. Genieße entspannte Abende und ruhige Wochenenden mit leichteren Übungen, um den Tag aufzulockern. Es ist einfach, die Seniorenjahre für deinen Dackel und dich selbst äußerst angenehm zu gestalten, indem du die notwendigen Anpassungen vornimmst.

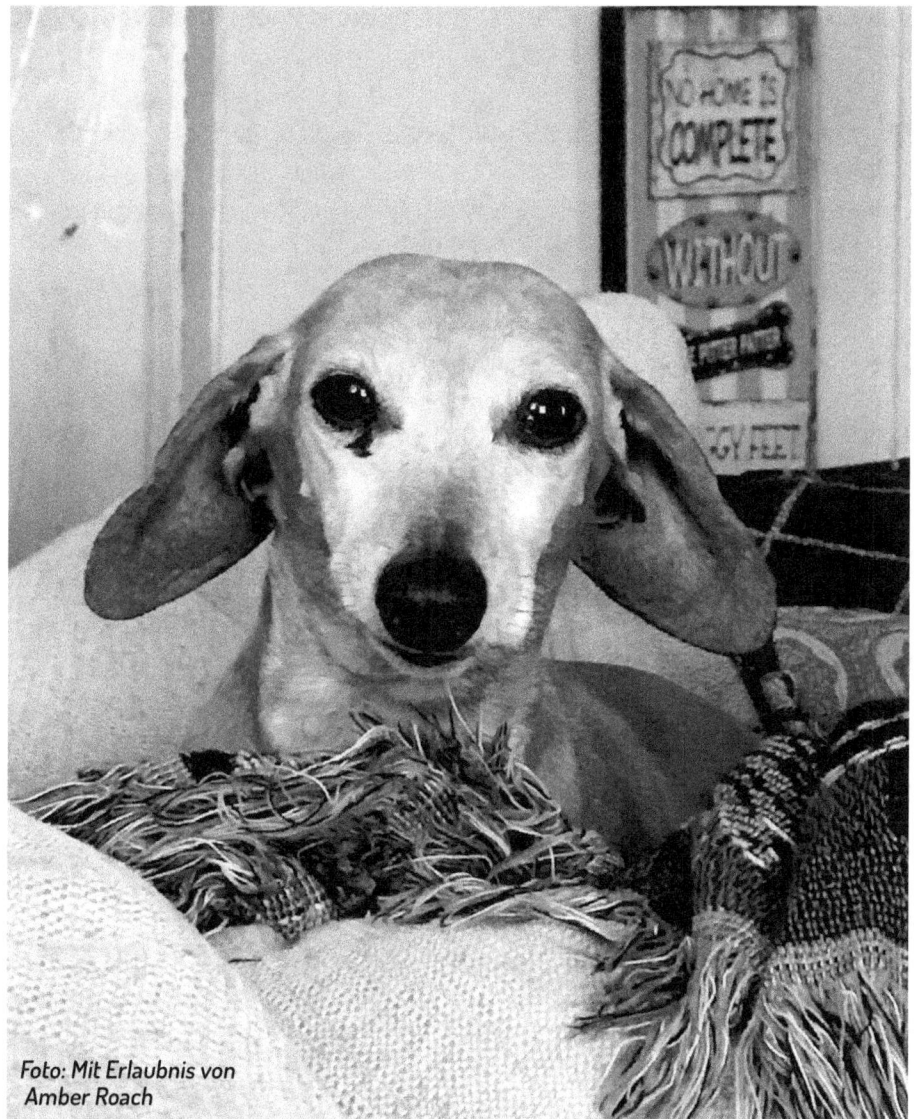

Foto: Mit Erlaubnis von
Amber Roach

## Herausforderungen der Seniorenpflege

In den meisten Fällen ist die Pflege eines älteren Hundes viel einfacher als die eines jüngeren, und bei Dackeln ist das nicht anders. Mit Dackeln hast du tatsächlich schon einen Vorsprung, da du jahrelang daran gearbeitet hast, seinen Rücken zu schonen. Möglicherweise musst du dein Zuhause gar nicht großartig ändern, um deinem älter werdenden Vierbeiner gerecht zu werden.

**Anpassungen, die du für deinen älteren Dackel machen solltest, umfassen:**

- Stelle Wassernäpfe an ein paar verschiedenen Stellen auf, damit dein Hund sie bei Bedarf leicht erreichen kann.

- Decke harte Bodenflächen ab (wie Fliesen, Parkett und Vinyl). Verwende rutschfeste Teppiche oder Läufer.

- Füge Kissen und weichere Betten für deinen Dackel hinzu. So wird die Liegefläche bequemer. Es gibt Bettwärmer für Hunde, falls dein Dackel häufig Gelenk- oder Muskelbeschwerden hat. Achte darauf, dass ihm nicht zu warm wird. Die richtige Temperaturbalance muss stimmen.

- Um seine Durchblutung zu verbessern, bürste deinen Dackel häufiger.

- Bleibe bei extremer Hitze und Kälte drinnen. Dein Dackel ist zwar einigermaßen robust, aber ein alter Hund verkraftet Temperaturschwankungen nicht mehr so gut wie früher.

- Nutze Treppen oder Rampen für deinen Dackel (falls du das nicht schon tust), damit der alte Hund nicht springen muss.

- Vermeide es, deine Möbel umzustellen, besonders wenn dein Dackel Anzeichen von Sehproblemen oder Demenz zeigt. Ein vertrautes Zuhause ist beruhigender und weniger stressig, wenn dein Haustier älter wird. Wenn dein Dackel nicht mehr so gut wie früher sehen kann, hilft ein vertrautes Umfeld ihm, sich sicher zu bewegen, ohne sich zu verletzen.

- Wenn du Treppen hast, die dein Dackel nicht mehr nutzen kann, richte einen Bereich ein, in dem dein Hund bleiben kann, ohne zu oft rauf- und runterlaufen zu müssen.

- Schaffe einen Bereich, in dem dein Dackel mit weniger Ablenkungen und Geräuschen entspannen kann. Lasse deinen alten Freund sich nicht isoliert fühlen, aber gib ihm einen Rückzugsort, wenn er allein sein möchte.

- Sei darauf vorbereitet, deinen Hund öfter für Toilettenpausen rauszulassen.

Foto: Mit Erlaubnis von
Tamara Hanson

## Häufige körperliche Beschwerden im Alter

Die vorherigen Kapitel behandeln Krankheiten, die bei einem Dackel häufig oder wahrscheinlich sind, aber das Alter bringt oft Beschwerden mit sich, die nicht spezifisch für eine bestimmte Rasse sind. Hier sind Dinge, auf die du achten und darüber mit deinem Tierarzt sprechen solltest.

- Arthritis ist wahrscheinlich die häufigste Erkrankung bei allen Hunderassen, und der Dackel bildet hier keine Ausnahme. Wenn dein Hund nach normalen Aktivitäten steif und schmerzhaft wirkt, sprich mit deinem Tierarzt über sichere Möglichkeiten, um die Schmerzen und das Unbehagen dieses häufigen Gelenkproblems zu lindern.

- Zahnfleischerkrankungen sind auch bei älteren Hunden ein häufiges Problem, und du solltest genauso darauf achten, seine Zähne zu putzen, wenn dein Hund älter wird, wie in jedem anderen Alter. Eine regelmäßige Kontrolle der Zähne und des Zahnfleisches deines Dackels kann helfen, dieses Problem zu vermeiden.

- Sehverlust oder Blindheit ist, ähnlich wie bei Menschen, bei älteren Hunden relativ häufig. Lass das Sehvermögen deines Hundes mindestens einmal im Jahr überprüfen oder häufiger, wenn offensichtlich ist, dass seine Sehkraft nachlässt.

- Nierenerkrankungen sind ein häufiges Problem bei älteren Hunden, und darauf solltest du achten, je älter dein Dackel wird. Wenn dein Hund häufiger trinkt und regelmäßig Unfälle hat, bringe ihn so schnell wie möglich zum Tierarzt, um ihn auf Nierenerkrankungen untersuchen zu lassen.

- Diabetes ist wahrscheinlich die größte Sorge für eine Rasse, die sehr gerne frisst wie dein Dackel. Selbst bei täglicher Bewegung während des größten Teils des Erwachsenenlebens musst du auf Anzeichen achten. Obwohl Diabetes meist als genetische Erkrankung gilt, kann jeder Dackel diabetisch werden, wenn er nicht richtig gefüttert und bewegt wird. Deshalb ist es sehr wichtig, auf die Ernährung und das Bewegungsniveau deines Dackels zu achten.

## Treppen, Rampen und Rollstühle

Du solltest deinen Dackel nicht die Treppe hochtragen oder ins Auto heben – er möchte noch etwas Unabhängigkeit bewahren, und beim Hochheben könntest du ihm schaden. Treppen und Rampen sind einer der besten Möglichkeiten, um sicherzustellen, dass dein Dackel im Alter eine gewisse Selbstständigkeit behält. Außerdem bieten Treppen und Rampen ein bisschen zusätzliche Bewegung.

Foto: Mit Erlaubnis von
Gisela Benitez

# Tierarztbesuche

Wenn dein Dackel älter wird, bemerkst du das Nachlassen der Energie und die Schmerzen im Körper deines Dackels werden, ähnlich wie bei älteren Menschen, offensichtlich. Gehe regelmäßig zum Tierarzt, um sicherzustellen, dass du nichts tust, was deinem Dackel schaden könnte. Falls dein Dackel eine schwere Erkrankung hat, bespreche mit dem Tierarzt die Möglichkeiten, ihm eine bessere Lebensqualität zu bieten, wie zum Beispiel einen Rollstuhl, falls seine Beine ernsthafte Probleme bekommen sollten.

## Die Bedeutung regelmäßiger Tierarztbesuche und was dich erwartet

Genau wie Menschen im Alter häufiger zum Arzt gehen, musst du deinen Hund öfter zum Tierarzt bringen. Der Tierarzt kann sicherstellen, dass dein Dackel aktiv bleibt, ohne sich zu überanstrengen, und dass kein unnötiger Stress auf deinem älteren Hund lastet. Falls dein Hund eine Verletzung erlitten hat und sie vor dir verbirgt, wird der Tierarzt sie eher entdecken.

Dein Tierarzt kann auch Empfehlungen zu Aktivitäten und Anpassungen deines Zeitplans basierend auf den körperlichen Fähigkeiten und eventuellen Persönlichkeitsänderungen deines Dackels geben. Zum Beispiel, wenn dein Dackel mehr hechelt, könnte das ein Zeichen von Schmerzen durch Steifheit sein. Dein Tierarzt kann dir helfen, die besten Lösungen zu finden, um deinen Dackel in den späteren Jahren glücklich und aktiv zu halten.

Folgendes kannst du erwarten, wenn du zum Tierarzt gehst:

- Dein Tierarzt wird über die Geschichte deines Hundes sprechen, auch wenn du jedes Jahr dort warst. Dieses Gespräch ist nötig, um zu überprüfen, wie es läuft oder ob mögliche Probleme aufgetreten oder schlimmer geworden sind.

- Während du plauderst, wird dein Tierarzt wahrscheinlich eine vollständige körperliche Untersuchung durchführen, um die Gesundheit deines Hundes zu beurteilen.

- Je nach Alter deines Hundes und seinem Gesundheitszustand möchte dein Tierarzt möglicherweise verschiedene Tests durchführen. Hier sind einige der häufigsten Tests für ältere Hunde:

- Testen auf durch Arthropoden übertragene Krankheiten, bei dem Blut abgenommen und auf Virusinfektionen untersucht wird

- Blutchemie-Untersuchung zur Überprüfung von Nieren, Leber und Zucker

- Großes Blutbild

- Kotflotation, bei der der Kot deines Hundes mit einer speziellen Flüssigkeit gemischt wird, um auf Würmer und andere Parasiten zu testen

- Herzwurmtest

- Urinanalyse, die den Urin deines Hundes untersucht, um die Gesundheit der Nieren und des Harnsystems deines Hundes zu überprüfen

- Die routinemäßige Gesundheitsuntersuchung, die der Tierarzt seit Jahren bei deinem Hund durchführt

- Rassetests für deinen alternden Dackel

# Anzeichen, auf die du achten solltest

Achte auf verschiedene Anzeichen, dass dein Hund langsamer wird. So weißt du, wann du die Umgebung zu Hause anpassen und das Training deines älteren Hundes reduzieren solltest.

## Appetit und Ernährungsbedürfnisse

Mit weniger Bewegung benötigt dein Hund weniger Kalorien, was bedeutet, dass du die Ernährung deines Dackels anpassen musst. Wenn du dich für kommerzielles Hundefutter entschieden hast, stelle sicher, dass du auf Senior-Futter wechselst. Senior-Futter ist auf die sich ändernden Ernährungsbedürfnisse älterer Hunde abgestimmt und hat weniger Kalorien und mehr Nährstoffe, die der ältere Hundekörper braucht.

Wenn du das Futter für deinen Dackel selbst zubereitest, sprich mit deinem Tierarzt und informiere dich darüber, wie du die Kalorien reduzieren kannst, ohne dass der Geschmack nachlässt. Dein Hund benötigt weniger Fett in seinem Futter, daher solltest du etwas Gesünderes finden, das trotzdem schmackhaft ist, um die Arten von Futter zu ergänzen, die du ihm als Welpe oder aktiven erwachsenen Hund gegeben hast.

Foto: Mit Erlaubnis von
Jackie Rivera

## Bewegung

Da Dackel so gesellig sind, freuen sie sich genauso über zusätzliche Aufmerksamkeit von dir wie über Bewegung, als sie jünger waren. Wenn du weniger forderst, die Spaziergänge reduzierst oder den Tagesablauf änderst, passt sich dein älterer Dackel schnell an das neue Programm an. Diese Anpassungen solltest du nach den Fähigkeiten deines Hundes vornehmen, also liegt es an dir, den Plan anzupassen und deinen Dackel glücklich aktiv zu halten. Kürzere, häufigere Spaziergänge sollten den Bewegungsbedarf deines Dackels decken und auch deinen Tag etwas auflockern.

Dein Hund wird das Nickerchen genauso genießen wie das Spazierengehen, besonders wenn er dabei mit dir kuscheln kann. Neben dir zu schlafen, während du fernsiehst oder selbst ein Nickerchen machst, reicht völlig aus, um deinen älteren Dackel zufrieden zu stellen, aber er braucht dennoch Bewegung.

Das langsamere Tempo deines Dackels zu beobachten, wird wahrscheinlich das Schwierigste am Altern sein. Du wirst vielleicht bemerken, dass dein Dackel mehr Zeit mit Schnüffeln verbringt, was ein Zeichen dafür sein könnte, dass er müde wird. Es könnte auch seine Art sein, anzuerkennen, dass die ausgedehnten Spaziergänge der Vergangenheit angehören und er die kleinen Dinge mehr genießt. Das Anhalten zum Schnüffeln kann ihm jetzt die Aufregung geben, die er früher durch längere Spaziergänge bekam.

Während du darauf achten solltest, ob dein Hund ermüdet, wird er es dir vielleicht auch zeigen. Wenn er langsamer geht, zu dir hochblickt und sich hinlegt, könnte das sein Zeichen sein, dass es Zeit ist, nach Hause zu gehen. Wenn dein Vierbeiner lange Spaziergänge nicht mehr schafft, mach die Spaziergänge kürzer und öfter und verbringe mehr Zeit damit, im Garten oder Zuhause mit ihm herumzutoben.

## Altern und die Sinne

Genau wie bei Menschen lassen auch bei Hunden die Sinne nach, wenn sie älter werden. Sie hören nicht mehr so gut, sehen weniger klar und ihr Geruchssinn schwächt sich ab.

Hier sind einige Anzeichen dafür, dass dein Hund mindestens einen seiner Sinne verliert.

- Es ist leicht, deinen Hund zu überraschen oder zu erschrecken. Du musst vorsichtig sein, denn das kann deinen Dackel aggressiv machen, eine beängstigende Vorstellung, selbst im hohen Alter. Schleiche dich NICHT an deinen alten Hund heran, da das für euch beide schlecht sein kann. Achte darauf, dass er deshalb nicht verängstigt wird.

- Dein Hund ignoriert dich vielleicht, weil er weniger auf deine Befehle reagiert. Wenn es vorher kein Problem gab, ist dein Hund nicht stur, sondern verliert wahrscheinlich sein Gehör.

- Trübe Augen können auf einen Verlust der Sehkraft hinweisen, bedeuten aber nicht, dass dein Hund blind ist.

Wenn dein Hund sich „schlecht benimmt", ist das ein Zeichen des Alters, nicht Gleichgültigkeit oder Rebellion. Bestrafe deinen älteren Hund nicht.

Passe deinen Tagesablauf an seine veränderten Fähigkeiten an. Stelle den Wassernapf in geeigneter Höhe auf, vermeide es, die Möbel umzustellen, und streichle deinen Hund öfter. Achte darauf, dass sein Bett genauso weich bleibt wie am Anfang oder besorge ihm ein neues. Lege das Bett unbedingt auf den Boden, falls es vorher auf Möbeln stand. Er ist wahrscheinlich besorgt über den Verlust seiner Fähigkeiten, also liegt es an dir, ihm Trost zu spenden.

# Den Geist deines älteren Hundes aktiv halten

Nur weil dein älterer Dackel nicht mehr so weit laufen kann, heißt das nicht, dass sein Gehirn weniger leistungsfähig ist. Die körperlichen Veränderungen können frustrierend für ihn sein, also sorge dafür, dass er genug andere Beschäftigungen hat, um aktiv und glücklich zu bleiben. Während er körperlich langsamer wird, konzentriere dich mehr auf geistig anregende Aktivitäten. Solange dein Dackel die Grundlagen beherrscht, kannst du ihm allerlei leichte Tricks beibringen. Jetzt könnte das Training einfacher sein, weil dein Dackel gelernt hat, sich besser zu konzentrieren, und er wird froh sein, mit dir im hohen Alter weiterhin zu trainieren. Neue Spielzeuge sind eine weitere großartige Möglichkeit, den Geist deines Hundes aktiv zu halten. Achte darauf, dass die Spielzeuge nicht zu grob für sein älteres Gebiss sind. Spiele wie Verstecken werden immer noch sehr geschätzt. Verstecke Spielzeug oder dich selbst, um deinen Dackel auf Trab zu halten. Es gibt auch Futterbälle, Puzzles und andere Spiele, die sich auf kognitive Fähigkeiten konzentrieren. Eine kurze Online-Suche bietet dir eine Fülle an verschiedenen Spielzeugen, die intelligenten Hunden helfen, sich nicht zu langweilen.

Für einen Hund wie den Dackel sind zusätzliche Aufmerksamkeit und Streicheleinheiten mehr als genug, um ihn im Alter glücklich zu machen. Er will sich an dich kuscheln und einfach geliebt werden. Das macht deinen Dackel so glücklich wie möglich, obwohl du trotzdem sicherstellen solltest, dass er regelmäßig körperlich und geistig gefordert wird. Auch wenn dein Dackel körperlich langsamer wird, bleibt sein Geist oft aktiv.

Einige ältere Hunde leiden am kognitiven Dysfunktionssyndrom (KDS), einer Form von Demenz. Schätzungsweise bleiben 85 % der Demenzfälle bei Hunden unerkannt, da es schwierig ist, das Problem zu identifizieren. Es lässt sich eher an Veränderungen beim Temperament erkennen.

Wenn dein Hund sich anders verhält, solltest du mit ihm zum Tierarzt gehen, um zu prüfen, ob er KDS hat. Eine Behandlung gibt es zwar nicht wirklich, aber dein Tierarzt kann dir Tipps geben, wie du deinem Hund helfen kannst. Dinge wie das Umstellen der Möbel werden dringend abgeraten, da Vertrautheit mit der Umgebung deinem Hund hilft, sich wohler zu fühlen und Stress zu reduzieren, während er seine kognitiven Fähigkeiten verliert. Geistige Anregung hilft, KDS zu bekämpfen, aber du solltest deinen Hund unabhängig von Demenzsymptomen geistig fördern.

# Vorteile der Seniorenjahre

Die letzten Jahre im Leben deines Dackels können genauso schön sein (oder sogar noch schöner) als die früheren, da dein Hund ruhiger geworden ist. Die Zeiten der sehr aktiven Spiele weichen und Kuscheln und Entspannung stehen jetzt mehr im Vordergrund. Es ist wunderbar, einfach die Gesellschaft deines Dackels zu genießen (vergiss aber nicht, ein wenig aktiv zu bleiben und nicht zu bequem zu werden, nur weil er jetzt gerne mehr ruht).

Dein Dackel bleibt ein liebevoller Begleiter, der jede Gelegenheit zur Interaktion nutzt – das ändert sich nicht mit dem Alter. Die Grenzen deines Hundes sollten die Interaktionen und Aktivitäten bestimmen. Auch wenn du beschäftigt bist, plane Zeit mit deinem Dackel ein, um Dinge zu tun, die für ihn machbar sind. Einen älteren Dackel glücklich zu machen, ist genauso einfach wie einen jungen Dackel, und es ist entspannter für dich, da Entspannung für deinen alten Freund wichtiger wird.

# Abschied vorbereiten

Das ist etwas, woran kein Tierhalter denken möchte, aber wenn du siehst, wie dein Dackel langsamer wird, weißt du, dass eure gemeinsame Zeit sich dem Ende zuneigt. Einige Hunde werden plötzlich langsamer, was darauf hindeutet, dass du nun besonders auf ihren alternden Körper achten musst. Sie haben Probleme auf glatten Oberflächen oder können nicht mehr so weit laufen wie früher. Es ist traurig, aber wenn es passiert, weißt du, dass es Zeit ist, dich auf den Abschied vorzubereiten.

Manche Hunde können noch Jahre leben, nachdem sie langsamer geworden sind, aber viele schaffen es nicht länger als ein bis zwei Jahre. Manchmal verlieren Hunde das Interesse am Fressen, haben einen Schlaganfall oder andere Probleme, die plötzlich auftreten. Schließlich wird es Zeit, sich zu verabschieden, ob zu Hause oder beim Tierarzt. Du musst vorbereitet sein, weshalb du die letzten Jahre bestmöglich nutzen solltest.

Sprich mit deiner Familie darüber, wie ihr euren Hund in seinen letzten Jahren oder Monaten pflegen werdet. Viele Hunde sind trotz eingeschränkter Fähigkeiten glücklich. Einige haben Probleme mit der Kontrolle ihrer Darmbewegungen, andere beim Aufstehen. Für all diese Probleme gibt es Lösungen. Wichtig ist, die Lebensqualität im Blick zu haben, denn dein Hund kann dir nicht sagen, wie er sich fühlt. Wenn dein Hund noch glücklich wirkt, gibt es keinen Grund zur Euthanasie.

In diesem Stadium ist dein Hund wahrscheinlich glücklich, einfach 18 Stunden am Tag in deiner Nähe zu schlafen. Das ist in Ordnung, solange er sich immer noch über Spaziergänge, Fressen und Streicheleinheiten freut. Der Zweck der Euthanasie ist es, Leiden zu verringern, nicht um es dir bequemer zu machen. Das macht die Entscheidung so schwer, aber das Verhalten deines Hundes sollte ein guter Indikator dafür sein, wie er sich fühlt. Hier sind einige Dinge, auf die du achten solltest, um die Lebensqualität deines Hundes zu beurteilen:

- Appetit
- Trinken
- Urinieren und Kotabsatz
- Schmerz (erkennbar durch übermäßiges Hecheln)
- Stresslevel

- Der Wunsch, aktiv zu sein oder bei der Familie zu sein (wenn dein Hund die meiste Zeit allein sein möchte, ist das meist ein Zeichen dafür, dass er sich zurückziehen will)

Sprich mit deinem Tierarzt, wenn dein Hund eine ernsthafte Krankheit hat, um die beste Vorgehensweise zu finden. Er kann dir die genauen Informationen über die Lebensqualität deines Hundes und die voraussichtliche Lebensdauer mit der Krankheit geben.

Wenn dein Hund an dem Punkt ist, wo er nicht mehr glücklich ist, sich nicht mehr bewegen kann oder eine unheilbare Krankheit hat, ist es wahrscheinlich Zeit, sich zu verabschieden. Diese Entscheidung sollte in der Familie getroffen werden, wobei immer die Bedürfnisse und Lebensqualität des Hundes im Vordergrund stehen. Wenn du entscheidest, dass es Zeit ist, sich zu verabschieden, kläre, wer am Ende dabei sein wird.

Beim Tierarzt, wenn du dich zur Einschläferung entschieden hast, kannst du die letzten Minuten schön gestalten, indem du ihm Sachen fütterst, die er vorher nicht essen konnte. Dinge wie Schokolade und Trauben können ihm ein Lächeln ins Gesicht zaubern.

Du kannst deinen Hund auch zu Hause einschläfern lassen. Wenn du einen Tierarzt zu dir rufen möchtest, sei auf zusätzliche Kosten für den Hausbesuch vorbereitet. Überlege auch, wo du deinen Hund haben möchtest, ob drinnen oder draußen, und in welchem Raum, falls drinnen.

Stelle sicher, dass mindestens eine vertraute Person dabei ist, damit dein Hund in seinen letzten Minuten nicht allein ist. Er sollte nicht von Fremden umgeben sein. Der Prozess ist recht friedlich, aber dein Hund wird wahrscheinlich etwas gestresst sein. Er wird innerhalb weniger Minuten nach der Injektion einschlafen. Sprich weiter mit ihm, da sein Gehirn noch arbeitet, auch wenn seine Augen geschlossen sind.

Sobald dein Hund gegangen ist, musst du entscheiden, was mit dem Körper geschehen soll.

- Einäscherung ist eine der häufigsten Methoden, um den Körper zu versorgen. Du kannst eine Urne bekommen oder einen Behälter anfordern, um die Asche deines Hundes an seinen Lieblingsorten zu verstreuen. Achte darauf, die Asche nicht an Orten zu verstreuen, wo es verboten ist. Private Einäscherung ist teurer als eine gemeinschaftliche, aber nur die Asche deines Hundes wird dir übergeben. Bei der gemeinschaftlichen Einäscherung werden mehrere Haustiere zusammen eingeäschert.

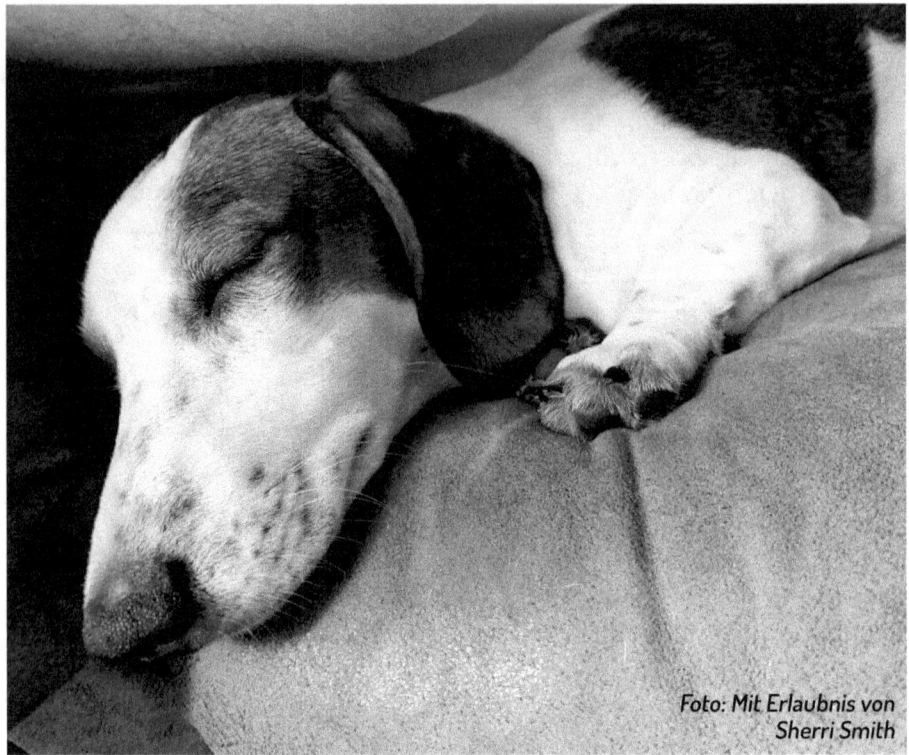

*Foto: Mit Erlaubnis von*
*Sherri Smith*

- Beerdigung ist die einfachste Methode, wenn dein Haustier zu Hause eingeschläfert wird. Überprüfe jedoch die örtlichen Vorschriften, um sicherzustellen, dass du deinen Hund zu Hause begraben darfst, da dies an einigen Orten illegal ist. Berücksichtige auch den Boden. Wenn dein Garten steinig oder sandig ist, kann das Probleme beim Begraben verursachen. Begrabe dein Haustier nicht in der Nähe von Brunnen, die als Trinkwasserquelle genutzt werden, oder in der Nähe von Feuchtgebieten oder Wasserläufen. Der Körper deines Hundes kann das Wasser beim Verfall verunreinigen. Informiere dich auch über einen Tierfriedhof in deiner Nähe, falls es einen gibt.

## Die Trauer und der Heilungsprozess

Hunde werden zu Familienmitgliedern, daher kann ihr Verlust sehr schwer sein. Menschen erleben dieselben Emotionen und das Gefühl von Verlust bei einem Hund wie bei engen Freunden und Familie. Die Abwesenheit dieser liebevollen, treuen Präsenz, besonders bei einem Dackel, ist schockierend. Es ist seltsam, diesen kleinen Begleiter nicht mehr an deiner Seite zu haben. Dein Zuhause erinnert ständig an den Verlust, und am Anfang wirst du und deine Familie wahrscheinlich viel Trauer empfinden. Abschied zu nehmen wird schwer. Ein paar Tage frei zu nehmen, ist keine schlechte Idee. Menschen ohne Hunde sagen vielleicht, dein Dackel war nur ein Hund, aber du weißt es besser, und es ist in Ordnung, Schmerz zu fühlen und zu trauern wie um jeden geliebten Menschen.

Der Verlust deines Dackels wird auch deinen Tagesablauf erheblich verändern. Es wird wahrscheinlich dauern, bis du dich an die veränderte Routine gewöhnst. Widerstehe der Versuchung, sofort einen neuen Hund zu bekommen, denn du bist wahrscheinlich noch nicht bereit. Jeder trauert anders, also erlaube dir, auf deine Weise zu trauern. Auch jeder in deiner Familie wird den Verlust anders empfinden, also lass ihnen ihren eigenen Raum. Einige benötigen wenig Zeit, während andere den Verlust monatelang spüren. Es gibt keinen festen Zeitplan, also zwinge nichts.

Sprecht darüber, wie ihr euch an euren Vierbeiner erinnern möchtet, und hört einander zu. Ihr könnt eine Gedenkfeier abhalten, Geschichten erzählen oder einen Baum zum Andenken pflanzen. Wenn jemand nicht teilnehmen möchte, ist das in Ordnung.

Versuche, so gut wie möglich zu deiner normalen Routine zurückzukehren, wenn du andere Haustiere hast. Das kann schmerzhaft, aber auch hilfreich sein, da deine anderen Tiere dich genauso brauchen (besonders andere Hunde, die ebenfalls ihren Gefährten verloren haben).

Wenn die Trauer deine normale Funktion beeinträchtigt, suche professionelle Hilfe. Du kannst online nach Unterstützungsgruppen in deiner Nähe suchen, um dir und deiner Familie zu helfen, besonders wenn dies dein erster Hund war. Manchmal hilft es, über den Verlust zu sprechen, um den Heilungsprozess zu beginnen.

www.ingramcontent.com/pod-product-compliance
Lightning Source LLC
Chambersburg PA
CBHW071729120626
46550CB00002B/442